花得清楚 活得自由

一套沒有公式的庶民經濟學，
用選擇改寫你的人生價值排序

遠略智庫 著

「最會算的人，不一定活得最好；最清楚選擇的人，才真正自由。」
——寫給每一位感到錢夠用卻不快樂、努力生活卻總是焦慮的你

目 錄

序言
為什麼我們需要一套沒有公式的經濟學？　007

第一章
你每天都在用的經濟學　013

第二章
市場無所不在：你也是參與者　033

第三章
工作，是經濟學的修練場　057

第四章
個人品牌：從內在定位到外在影響　081

第五章
金錢與投資，從觀念開始　103

目錄

第六章
家庭經濟學：從廚房到房貸　119

第七章
商業的邏輯：做生意也不只是賺錢　141

第八章
政策與社會經濟：為何我們感覺更窮？　163

第九章
全球經濟在你身邊　187

第十章
經濟危機是怎麼煉成的　207

第十一章
行為經濟學的日常提醒　229

第十二章
時間管理的經濟學視角　251

第十三章
關係與信任的經濟學 273

第十四章
數位生活的經濟邏輯 297

第十五章
幸福，是最終的經濟學指標 319

後記
在經濟學的結尾，遇見更自由的自己 341

目錄

序言
為什麼我們需要一套
沒有公式的經濟學？

你是否曾在打開購物網站的瞬間,只打算補個洗衣精,卻不小心結帳了一整車「限時特價」?

你是否在領到薪水那天很開心,月底卻仍舊面對一個空蕩蕩的存摺?

你是否發現自己雖然比十年前賺得多,卻快樂得少、壓力更多、休息更少?

我們從小學會加減乘除、學會記帳、被教導要省錢、努力工作。

但很少有人教我們一件事:怎麼用有限的資源,過出一個自己真正想要的人生。

這本書的起點,就是這個問題。

◎經濟學,不只是錢的學問,而是人生的選擇練習

在主流印象中,經濟學是一門與股票、GDP、通膨、利率掛鉤的專業學科。

但其實,經濟學的本質從來不是金錢,而是「資源有限下的選擇」。

序言　為什麼我們需要一套沒有公式的經濟學？

當你在超商貨架前挑選飲料，在夜深人靜時決定是否離職，在逛街時決定是否「先買著放」，你都在進行一種個人層級的經濟行為決策。這些決定並非理性公式可以完全解釋，更多是被心理偏誤、情緒波動、社會期待與自我認同牽引。

行為經濟學讓我們看見，人不是總是理性的經濟人（Homo Economicus）。我們會因為「錯過恐懼」而買下不需要的東西；會因為「心理帳戶」而錯配預算；會因為「自我一致性需求」而對某些品牌失去判斷力。

這些錯誤，不是我們不夠聰明，而是我們從沒被教導：選擇，是一門需要練習的技術，而不是直覺反應。

◎為什麼我寫這本書？因為人生不該只有「努力」

我曾是一個努力型的人：拚命工作、節省開銷、相信「撐下去就會好」。

直到有一天，我發現自己很會算錢，但不會算自己。

我會精準記錄開銷，卻無法判斷「這頓飯到底值不值得我花時間與情感去經營」；

我會研究各種理財商品，卻不知道如何面對「沒錢的焦慮」與「有錢後的不安全感」。

我懂得效率，卻失去了平衡；我懂得績效，卻忘了生活本身。

那時我開始思考：如果經濟學不是用來服務人，而只是讓我們成為更有效率的工具，那它的價值是什麼？

我想寫一本書，幫助像我這樣的普通人，不需要專業學位，也能用經濟學來整理自己的消費習慣、時間安排、生活選擇與情緒帳戶。

不是為了讓你變成理財專家，而是讓你變成生活的設計者。

◎這本書寫給誰？

◆ 寫給那些明明有收入，卻常常覺得生活「不夠用」的人；
◆ 寫給那些努力對自己好一點，卻老是落入促銷陷阱的購物者；
◆ 寫給那些在時間、情緒、金錢之間疲於奔命的職場人與照顧者；
◆ 寫給那些覺得「我懂得控制開銷，卻活得越來越沒自由」的人；
◆ 也寫給那些正在建立自己價值觀，希望透過選擇活出不同節奏的人。

這不是一本要你變成極簡主義者的書，不會叫你不花錢、不出門、不吃大餐。

序言　為什麼我們需要一套沒有公式的經濟學？

相反地，它要幫你訓練的是：怎麼花得清楚、怎麼活得自由，怎麼選擇那些最對得起自己的支出與路徑。

◎書裡的每一章，是一段「重新掌控生活選擇」的提案

你會讀到：

◆ 為什麼你總是在折扣中失控，卻以為自己賺到了？
◆ 為什麼選擇變多，反而讓你越來越不快樂？
◆ 為什麼購物是情緒問題，而不是理性決策？
◆ 為什麼預算表沒辦法教會你活出想要的生活？
◆ 為什麼看似精打細算的人，卻可能更容易被品牌心理操控？

更重要的是，我們會談到：

◆ 如何看待金錢與幸福之間的真正關係；
◆ 如何用經濟學原則，重新設計你的人生節奏；
◆ 如何計算那些無法標價卻深刻影響你的非物質成本──關係、情緒、健康、注意力；
◆ 以及，如何在不確定與選擇過多的年代，活得更踏實與篤定。

這些，不是經濟學院教你的，但卻是我們每天都在經歷的真實課題。

◎當你開始為「選擇」負責，你就開始為「人生」定價

　　這本書不是要你成為財富自由的超人，而是讓你在還沒自由以前，就能不再焦慮、不再混亂、不再失控。

　　我們無法控制物價，也無法改變大環境的速度，但我們可以重新拿回對自己人生選擇的主導權。

　　讓我們一起練習：

　　花得清楚，也活得自由。

序言　為什麼我們需要一套沒有公式的經濟學？

第一章
你每天都在用的經濟學

第一章　你每天都在用的經濟學

第一節　經濟學不是數學，是選擇的藝術

"Economics is not about money. It's about making choices."
「經濟學不是關於金錢，而是關於如何做選擇。」

選擇的藝術：用經濟學思維掌握你的人生主導權

當你早上站在早餐店前，看著菜單上的選項，從「蛋餅」、「漢堡」、「法式吐司」到「雞塊加飲料套餐」，其實你已經在進行一場經濟學決策。你腦中思考著：今天要吃得飽還是吃得快？是要點自己喜歡但稍貴的那一項，還是選便宜但普普通通的組合？這不只是日常的選擇，這正是經濟學的本質：有限資源下的選擇行為。

多數人對「經濟學」三個字的第一印象，可能是艱澀難懂的圖表與數學公式，彷彿離自己生活遙不可及。但事實上，經濟學不是銀行家或投資大戶的專利，它是一門所有人每天都在參與的生活科學。你是否選擇加班、是否換工作、是否買保險、甚至是否生小孩，都牽涉到對資源分配的深思熟慮。

經濟學其實是選擇學

經濟學就是研究「在資源有限的情況下，人類如何做出選擇」的學問。這句話看似簡單，卻揭露了生活的底層結構。你一天只有 24 小時，要如何分配時間到工作、休閒、學習與人際關係？你只有一萬塊的月餘預算，要拿來投資、儲蓄還是犒賞自己？

這些選擇背後，都存在一個關鍵概念：機會成本（opportunity cost）。也就是當你選擇 A，就等於放棄了 B。這種「選擇的代價」往往是無形的，但卻深刻影響我們的財務狀況、心理狀態甚至人生軌跡。

舉例來說，你今天下班後有兩個選擇：回家追劇，或參加一場提升專業技能的課程。如果你選擇回家休息，雖然當下放鬆了，但你失去了進修的機會，長期來看這可能會影響你的職場競爭力。這就是典型的機會成本思考。

為什麼選擇會讓人累？決策背後的心理疲勞

現代人不缺選項，反而是被太多選擇壓得喘不過氣。這其實與「決策疲勞」（decision fatigue）有關。經濟學與心理學交會的領域——行為經濟學（behavioral economics）指出，我們的大腦在處理選擇時會消耗能量，選擇越多、越頻繁，就

第一章　你每天都在用的經濟學

越容易導致錯誤的判斷。

這也正是為什麼有些富豪如史蒂夫·賈伯斯與馬克·祖克柏總是穿同樣的衣服。他們用最少的精力處理瑣碎選擇，把「選擇的能量」留給最重要的事。

對我們一般人來說，若能理解選擇的背後有一個「心理成本」，就更能在生活中設下選擇邊界，避免用力過度。例如：早餐決定前天晚上就排好、重要會議只安排在上午、把超市購物清單提前寫好等，這些都是降低選擇疲勞的策略。

小選擇，大經濟：你就是生活的經濟人

經濟學中有一個假設人物叫做「經濟人」（Homo Economicus），他理性、自利、追求效益最大化。但現實中我們都不是這麼冷靜與邏輯的機器人，我們有情感、有習慣、有慣性，也有衝動購物。

但這並不代表我們無法應用經濟思維，反而應該將之內化為生活態度 ── 在關鍵時刻知道「怎麼選擇」，比一時的結果更重要。就像拿破崙·希爾《一生的財富》一書中提到的，每一個人的人生路徑，不只是被命運安排，而是由無數微小選擇構成的。

你決定選擇什麼職涯、交什麼朋友、買哪一間房、跟誰結婚，這些選擇比任何理財工具都來得影響深遠。因此，懂

得經濟學，不是為了會投資，而是為了活得更清楚、更自由、更有主導權。

從日常選擇練習你的經濟感

當我們開始意識到「選擇的本質」，你會發現經濟學其實是一種思維方式 —— 不把一切交給直覺，而是用邏輯、預測與價值排序來做出更長遠的安排。

經濟學是讓我們在面對有限時間、有限金錢與有限能量時，仍能做出對自己最有利選擇的一門學問。它不是冰冷的學科，而是一種溫暖的自我掌控感。

下次當你站在超商貨架前、手機購物頁面、或是人生轉折點的三岔路口，不妨問問自己：我正在選擇什麼？我放棄了什麼？我得到了什麼？這，就是你在學經濟。

第二節　生活裡的稀缺與機會成本

"The cost of anything is the amount of life you exchange for it."

「任何事物的代價，都是你為它付出的生命。」

看不見的代價：機會成本決定你的人生樣貌

你的一天有幾小時？24 小時。你可以同時看電影、讀書、工作、健身、旅遊嗎？不能。這個世界最公平的資源，不是金錢，而是時間。而時間的有限性，正是經濟學最核心的起點：資源的稀缺性（scarcity）。

無論你是學生、上班族、創業者或家庭主婦，我們都面臨一樣的問題：選擇的東西總比能選擇的資源多。這種「永遠不夠用」的感覺，是人類社會的共同處境。經濟學因此誕生 —— 我們需要一套方法，來判斷「在無法全拿的世界中，該選擇什麼才對自己最有價值」。

如果人生是一場自助餐，你能拿的盤子大小固定，你不能全裝，得慎選；但更重要的是，你每選一道菜，其實就是在放棄另一道可能，這正是下一個關鍵字：機會成本。

什麼是機會成本？你沒選的那個選項才最關鍵

俗話說：「天下沒有白吃的午餐。」你以為某件事是免費的，其實它背後總有成本。只是這成本不是直接付出去的錢，而是你所放棄的最好替代選項，這就是機會成本（opportunity cost）。

舉一個簡單例子：假設你週六下午可以選擇參加一場職涯講座，或與朋友去海邊踏浪。你最終選擇去聽講座，那麼你的機會成本，就是那場陽光、沙灘與友情的美好午後。如果那場海灘聚會是你朋友的生日，這個成本可能就更高了。

我們生活中幾乎每一個選擇，都有看不見的「代價」。問題是，大多數人只看見「眼前得到了什麼」，而忽略了「自己放棄了什麼」。而這種思維盲點，往往會讓我們做出看似划算但長遠虧損的決策。

機會成本不是錢，而是「你真正在乎的價值」

一位年輕創業者曾問我：「老師，我現在有個投資機會，但也有個朋友找我去創業，我應該怎麼選？」

我問他：「你更在意什麼？」

他說：「我怕錯過能賺快錢的機會，但我也覺得創業是夢想。」

這其實不是理財問題,是價值排序問題。機會成本的判斷,不是看哪一個選項金額大,而是你內心真正想要什麼。

經濟學從來不是冰冷的數字遊戲,而是你對自己人生排序的鏡子。當你願意為某個選項放棄別的,那就是你的信念所在。這正與《一生的財富》中所提及的「明確願望與犧牲方案」相互呼應——你不可能什麼都要,你要為你要的東西,付出你願意承擔的代價。

生活中的機會成本場景,你中了幾個?

讓我們看看幾個常見的機會成本場景:

- 追劇 vs. 讀書:你覺得放鬆很重要,但你也知道考試近了;追劇的成本,不是 Netflix 月費,而是你準備考試的品質與結果。
- 高薪但無成長的工作 vs. 薪水低但有學習的職務:短期看收入,長期看機會。你能判斷哪一種更值得嗎?
- 穩定婚姻 vs. 自由單身:情感選擇也有機會成本,放棄穩定就要承擔孤獨風險;選擇婚姻也可能放棄其他可能的個人成長機會。
- 買房 vs. 投資理財:買房代表大筆支出與負債,但帶來穩定感;而拿這筆頭期款去投資,也許會有更高收益,

但風險難測。你不選擇房產的成本是租屋不穩，你選擇房產的成本則是資金鎖死。

這些場景沒有正解，但透過「機會成本」這個概念，你會更清楚：你的每一個決策都在創造自己的未來模樣。

如何培養「機會成本感知力」？

永遠問自己：「如果我不這樣做，我能做什麼？」

機會成本不是「可惜」，而是選擇的基礎。你必須看清每個選擇的「代價」。

將選擇「價值化」，而不是「價格化」

你無法用錢衡量友情、時間、健康或未來可能性。你要學會用「願不願意為這件事放棄別的」來判斷。

做選擇前，設想「10 分鐘後、10 個月後、10 年後」的影響

這個簡單的時間視角切換法，能讓你看見長期的機會成本，而非被眼前的誘惑綁架。

選擇，就是經濟自由的起點

你今天做了什麼選擇？你為什麼選它？你知道你放棄了什麼嗎？這三個問題，是生活經濟學的基本功。

當你越來越能辨識出什麼是值得的代價,什麼是錯誤的交換,哪一些選項看似誘人但實際虧本,你就越靠近一種「自主型的經濟人生」——你不再只是市場中的小齒輪,而是自己命運的設計者。

下一次,在你面對選擇時,不妨想起這句話:

「你人生中最貴的事情,就是那些你從未選擇卻因此錯過的可能。」

第三節　價值、價格與你願意付出什麼

"Price is what you pay. Value is what you get."
「價格是你付出的，價值才是你真正得到的。」

值不值得，由你定義：價格背後的心理帳戶

當你走進便利商店，發現架上有一瓶 10 元的瓶裝水，也有一瓶標價 200 元的富維礦泉，兩瓶都是水，你會怎麼選？

多數人可能直覺會說：「水不就都是水，選便宜的就好。」但實際觀察中，卻有不少人願意買價格更高的那瓶。這當中沒有對錯，而是揭開一個關鍵觀念：價格（price）與價值（value）之間的差距。

價格，是你付出的金錢；價值，則是你心中賦予它的意義。從經濟學的角度來看，「價值」其實是一種主觀感受，而非絕對標準。

10 元的水提供了解渴功能，但 200 元的水也許代表了「身分感」、「對身體的保護」、「品牌認同」，甚至「我值得喝更好的水」這種信念。當一個人願意付出更高的價格，那往

往是因為他相信他所獲得的，不只是商品本身，而是一種自我價值的延伸。

價值感是經濟判斷的內在參數

我們每天都在進行價格判斷，但我們真正在意的，往往是價值是否對得起價格。

- 你願意花 2,000 元參加一場講座，但卻覺得 200 元買書太貴，可能因為你相信講座帶來的影響力更大。
- 你願意花兩萬元買一支手機，但對 1,000 元的耳機猶豫再三，因為你不認為聲音體驗值得那個價格。
- 你可能選擇住一間平價旅館，卻花 5,000 元請朋友吃一頓飯，因為那個飯局的情感價值在你心中更高。

這些行為都說明了一件事：我們的經濟決策是價值導向的，而非單純理性或價格導向的。人們願意為情緒、體驗、回憶、認同付出價格，甚至遠高於商品的實際功能價值。

心理帳戶與「不合理」的價格接受度

行為經濟學家理察・賽勒（Richard Thaler）提出一個重要概念 —— 心理帳戶（mental accounting）。也就是說，我們在腦中其實為不同類型的支出開了「不同的帳戶」。

第三節　價值、價格與你願意付出什麼

比如你可能願意花 2,000 元買演唱會票,因為你將它放入「娛樂帳戶」;但你卻對於健身房一次課程收你 400 元感到心痛,因為你把這支出歸入「健康維護帳戶」,而這帳戶預算偏低。

這就是為什麼同樣價格的東西,有人買得毫不猶豫,有人卻覺得貴得不可理喻。

我們不是不懂理財,而是我們的內在價值排序各自不同。你覺得值得的事,別人不一定懂;別人願意付出的價格,你未必認同。

這也是現代社會消費行為日益多元的原因。當品牌、行銷、設計、故事包裝等元素進入市場後,商品已經不只是商品,而是你個人選擇的延伸。

當價格失靈時,你如何判斷是否值得?

在價格混亂、資訊不對稱的時代,判斷「值不值得」變得更加困難。

想像你看到一款線上課程原價 6,800 元,限時特價 990 元。你不知道內容好不好,也無從比較,這時候你會如何評估?

以下是幾個實用的價值感檢視技巧:

比較內在價值而非市價

你能否從這門課中得到「至少值回票價」的知識、啟發或應用？別只看原價和特價的對比，那是銷售話術，關鍵是你用得到什麼。

問自己：「我如果現在錯過這選項，會後悔嗎？」

若答案是會，那表示你心中已有價值期待，那就代表值得。

從時間視角評估價值報酬率

這筆支出在未來 3 個月、1 年內能否產生可見效益或滿足感？如果能，可能比你買一杯 300 元咖啡還划算。

用替代性思考代入機會成本

這筆錢若不花在這裡，會花在哪裡？哪個帶來的滿足感更大？這是簡單有效的機會成本對照法。

價值感來自你願意交換什麼

價格是市場給出的外在訊號，而真正的價值來自你願意用什麼交換它。

◆ 你願意用時間換知識，表示你重視成長；
◆ 你願意用金錢換自由，表示你重視主導權；

第三節　價值、價格與你願意付出什麼

◆ 你願意為一個夢想賭上穩定生活,表示你相信那個夢比安全更值得。

這是經濟的真義:不是公式與供需,而是你如何在這個有限世界裡,定義你自己的「值得」與「交換邏輯」。

生活其實就是一場無數次的交易,而你每一次願意拿什麼換什麼,就形塑了你人生的輪廓與厚度。

定義你的價值觀,才是最強經濟能力

懂得價格,不代表你真的懂經濟;能夠定義自己的價值,才是你走在混亂市場中最不會被帶風向的能力。

我們每一天都在被廣告、話術、促銷影響,那些外部的聲音企圖告訴你什麼「值得」、什麼「便宜」,但只有你知道:你的時間、情感、夢想、健康與自由,值多少。

下一次當你面對一個價格,請先問問自己這個問題:

「我願意拿什麼換這個東西,才不後悔?」

這,就是你內在的價值指標。那不是一個價格數字,而是一種清醒的生活選擇力。

第一章　你每天都在用的經濟學

第四節　為什麼你總是買錯東西？心理帳戶與決策偏誤

"We are not rational animals. We are rationalizing animals."
「我們不是理性的動物，我們是會合理化的動物。」

你曾經後悔買東西嗎？那是心理帳戶在作祟

你是不是有過這種經驗：

看到一雙鞋「原價 4,980 元，特價只要 1,680 元」，立刻腦波弱地買了；結果回家才發現其實你根本不需要那雙鞋？

或者某次你出國旅遊時，在機場花了一大筆錢買免稅品，只因為覺得「出國就該好好犒賞自己」，但回家以後卻覺得那筆支出其實不太必要？

如果你有這樣的經驗，那你就和大多數人一樣，陷入了「心理帳戶」與「認知偏誤」的陷阱裡。

人們會根據「金錢來源」與「用途」為金錢分類，而非統一看待。也就是說，錢的「情境」不同，會影響我們的判斷與行為模式。

第四節　為什麼你總是買錯東西？心理帳戶與決策偏誤

消費者的三大非理性帳戶分類

獎金帳戶 vs. 薪資帳戶

多數人拿到獎金時比較容易揮霍，因為心理上會覺得那是「額外獲得」，而不是辛苦賺來的錢。但現實是，錢沒有分顏色，它的使用後果是一樣的。你把獎金拿去買新手機，其實是在犧牲原本可能投入儲蓄或投資的機會。

娛樂帳戶 vs. 必需帳戶

很多人會花數千元買演唱會門票卻不願花幾百元買一套理財課程，這不是消費不理性，而是因為這筆支出被歸類在「享受」與「教育」兩個不同的心理帳戶裡。當帳戶劃分錯誤，我們就容易高估某些支出的價值，低估其他支出的長期效果。

現金帳戶 vs. 信用卡帳戶

你是否發現，當用信用卡付款時，你的痛感比現金少？這是因為刷卡是延遲支出、降低心理痛感的行為，導致你容易超額消費。這就是所謂的「支付痛感遞延效應」（pain of paying）。

認知偏誤讓你做出錯誤決策的五種方式

行為經濟學揭示，我們的判斷很容易受到環境、語言、情境操縱，以下是五種最常見讓你「買錯東西」的決策偏誤：

第一章　你每天都在用的經濟學

1. 沉沒成本謬誤（Sunk Cost Fallacy）

你買了一張昂貴的健身房年卡，儘管你完全不想去，也還是逼自己去，因為你不想「浪費」。但實際上，那筆錢已經花出去了，再不應該影響現在的決策。好的決策應該基於未來效益，而非過去投入。

2. 損失厭惡（Loss Aversion）

心理學家發現，人們對損失的痛苦是對等收益快樂的兩倍。也因此，在看到「限量搶購只剩 3 組」的時候，我們容易衝動下單，不是因為真的需要，而是害怕失去。

3. 錨定效應（Anchoring Effect）

當你看到原價 9,800 元，現在特價 2,880 元的廣告，腦中會自動覺得「好便宜」，即使實際成本只值 1,500 元，因為你的心理價值被「9,800 元」這個價格錨住了。

4. 選擇悖論（Choice Overload）

當選擇太多時，反而容易做出錯誤決策，甚至後悔自己的選擇。超市裡的醬料櫃、訂房網頁、網購平臺都會讓人陷入選擇癱瘓，最終不是選錯，就是用力過度。

5. 當下偏誤（Present Bias）

「以後再說」是經濟上最昂貴的信念。你知道投資理財很重要，但更想先買一雙新球鞋；你知道應該存退休金，但更

想馬上去一趟沖繩。這就是人類傾向當下快樂,而忽視長期利益的決策傾向。

三個訓練日常決策的實用工具

要減少買錯東西的情況,不是要你成為完全理性的人,而是透過「預先設計」來避免誤判。

建立「消費 48 小時冷靜期」規則

對非必要性支出設定一個等待期,兩天後再評估是否還覺得值得。多數衝動購物在 48 小時內會自然消退。

寫下「三層原因購物法」

想買一樣東西前,問自己三個為什麼:

- 我為什麼想買它?
- 如果不買,會怎樣?
- 這東西可以用多久、替代效益高嗎?

每月檢視自己的「心理帳戶報表」

不只是記帳,而是檢視你這個月花最多的錢落在哪些心理分類?是娛樂、社交、安全感還是逃避?從帳戶結構看出自己內心的真實焦慮與渴望。

讓你每次的購買都是自我信念的展現

你不是買錯東西,而是買錯「目的」。

大多數的消費誤判,其實不是因為東西不好,而是你不夠清楚自己想要什麼、相信什麼、需要什麼。

當你學會察覺自己的心理帳戶分類與思考偏誤,你就更接近一種成熟的消費型人格。你不是為了打折而消費,而是為了價值而選擇。

真正的經濟自由,不是你賺多少錢,而是你能不能不被操弄、不被慣性綁架,做出自己內心認同的選擇。

第二章

市場無所不在：你也是參與者

第二章　市場無所不在：你也是參與者

第一節　市場不是菜市場，是你我交換的場域

"The market is not a place, it's a process."
「市場不是一個場所，而是一個過程。」

走進市場，但不是走進「市場」

當你聽到「市場」兩個字，腦中是否浮現的是熱鬧的菜市場、人聲鼎沸的夜市、或是交易廳裡盯著電子看板的投資人？這些畫面當然都沒錯，但它們只是「市場」的外在形式。而真正的經濟學概念中，市場是一種更深層的現象：交換行為出現的那一刻，就是市場的誕生。

換句話說，市場不是一個「地點」，而是一種「關係」。當有人有東西想賣，有人剛好需要這東西，並願意為之付出某種代價，那個關係網就構成了一個市場。不管是在超商買咖啡，還是在家裡請媽媽煮飯換幫忙洗碗，這些都是市場運作的形式。

因此，市場不是少數人參與的經濟活動，而是所有人每天都在進行的社會互動機制。你活在市場中，不論你是否意識到。

交換,才是人類社會的核心行為

亞當斯密在《國富論》中指出,人類社會與其他動物最大的不同,就是人類有強烈的交換意願與合作需求。人類不靠武力搶奪資源,而是靠溝通與交換來創造價值。

你用錢買便當,是一種交換;你幫同事跑腿,換他幫你蓋章,也是交換;你寫一篇好文章,換得一群粉絲的回應與信任,依舊是交換。

這也說明了市場的底層運作邏輯:我們不只是用金錢交換商品,我們其實在用能力、時間、情緒、信任交換我們想要的世界。

這樣一來,你就不再只是「買東西」的消費者,你其實是一個資源提供者,也是影響價格的參與者。

市場如何運作?從你買一杯咖啡說起

想像你在街上看到兩間咖啡店,一間賣 90 元、一間賣 60 元。你會怎麼選?

◆ 如果你趕時間,選離你比較近的;
◆ 如果你重視品質,可能選口感更好的;
◆ 如果你有預算壓力,可能選便宜的。

第二章　市場無所不在：你也是參與者

無論你怎麼選，這個選擇都會回饋到市場：那間人流多的咖啡店會覺得「我這定價正確」，那間生意冷清的店主可能會調整策略。

這種看似微不足道的行為，正是市場機制的運作：透過無數人的選擇，市場價格、商品品質、服務方式就這樣被逐步「試煉」出來。

這也正是經濟學者稱為「看不見的手」（the invisible hand）的概念 —— 市場不需要一個中央指揮，它靠每個人的自利行為與理性決策，自然形成一套有系統的配置機制。

當市場不只是買賣，而是選擇、試錯與信任的產物

我們很少意識到，市場其實不是立即完美的，而是不斷修正與試錯的過程。店家不斷調整定價、包裝、促銷；顧客不斷比較、試用、評價。這個過程產生一種「信號場」，每一筆交易、每一次選擇，都是你在對市場說話。

例如當越多人願意買植物奶、選擇永續產品時，企業就會投資在綠色供應鏈；當越多消費者重視公平貿易標章、低碳標示，那些企業就會獲得更多支持。市場會跟著「選擇的意志」改變。

所以，不要小看你的一張選票（錢），每一次消費，都是

你對市場說:「我支持這種價值」。當你意識到自己的消費選擇其實能改變世界,那麼你就真正活進了市場的核心精神。

市場不公平?還是你沒有參與定義它?

有些人會質疑市場:「為什麼貧富差距這麼大?」「為什麼有錢人更容易賺錢?」

這些問題是合理的,也值得討論。但我們也要先理解一件事:市場本身不是公平或不公平,而是中立的。它只是根據參與者的條件與行動反映出結果。

舉例來說,你有一項技能,但沒有透過平臺曝光,那市場就不會給你任何價值評價;你願意用最低價格賣出時間,那市場就會依此標示你的「市場價格」。你不主動定義自己,市場就會幫你定義你值多少。

因此,真正的重點不是「市場不公平」,而是你是否理解市場規則、擁有參與與反應的能力。當你懂得包裝自己、善用平臺、建立信任、製造影響,你就有可能重新調整你在市場中的位置。

第二章　市場無所不在：你也是參與者

你活著的每一天，其實都在市場中

　　你今天和誰合作？為什麼選擇這家早餐店？你打算換工作？開創副業？其實都是市場行為的表現。市場不是一個冰冷的交易場，而是一個充滿動態選擇的社會劇場。

　　當你了解市場其實就是一種「交換關係網」，你就會更謹慎也更清楚地選擇自己想扮演的角色。你不是觀眾，而是演員；不是消費者，而是參與者。

　　當你懂得為自己的價值定價、為自己爭取合理的交換條件，你就開始成為自己人生的經濟策劃者。

第二節　需求與供給：為什麼雞蛋突然漲價？

"Prices are signals. They tell producers what to produce and consumers what to buy."

「價格是一種訊號，它告訴生產者該生產什麼，告訴消費者該購買什麼。」

有一天，你發現雞蛋漲了 10 塊

某個週末早上，你走進超市準備買一盒雞蛋，卻驚訝地發現價格比上個月貴了十幾元，還貼著「每人限購一盒」的公告。你第一時間可能會懷疑政府、咒罵黑心商人、懷念以前蛋價穩定的日子，但如果你稍微理解「供需」這門課，你就會知道：這不是陰謀，而是市場在說話。

雞蛋價格的變動，正是一個日常卻極具教育意義的經濟課。它讓我們學會：價格不是設定好的，它是動態的，是根據「誰需要什麼、誰能提供多少」這對關係而變動的。

第二章　市場無所不在：你也是參與者

需求：你想要什麼，不只是想吃而已

在經濟學中，「需求」（demand）不是你嘴巴說想要，而是你有「能力＋意願」去購買某個商品的總量。

也就是說，只有當你「真的會掏錢去買」，這才是需求。這點很關鍵。很多人說：「我也想開特斯拉啊！」但他並沒有買，因為缺乏支付能力或意願，那就不能稱為有效需求。

需求受哪些因素影響？

- 價格本身：價格越高，需求量通常下降（但也有例外，如名牌效應）。
- 替代品價格：當雞蛋變貴，部分人可能改買豆漿、吐司，這會降低蛋的需求。
- 收入水準：當大家變有錢，對於健康蛋白質的偏好增加，蛋的需求也會上升。
- 季節或節慶效應：農曆春節、端午前夕做年菜、粽子，需要大量雞蛋製作食材，需求自然上升。
- 情緒與媒體報導：新聞一報雞蛋短缺，民眾搶購，需求瞬間爆炸。

這些都說明，人類的需求不是理性曲線，而是充滿情緒、預期與從眾效應的心理活動。

供給：能提供多少，背後其實不簡單

再來談供給（supply）。它不是「市面上有幾顆蛋」，而是「生產者在這個價格下，願意供應多少商品」。這很重要，因為供給行為也是選擇的結果。

供給會受到哪些因素影響？

◆ 生產成本變動：飼料漲價、能源上升，雞農可能降低供給量或提高價格。
◆ 自然因素：氣候太熱或太冷，母雞下蛋量會自然減少。
◆ 政策或法規：若進口雞蛋受限、運輸困難、補貼調整，供應量會立刻受影響。
◆ 意願與風險預期：如果農民認為未來會更好賣，可能囤積不賣，反而短期內供給減少。
◆ 設備與擴產限制：即使需求上升，雞農也不是隔天就能生出更多雞和蛋，生產有時間滯後。

你可能會想：「那為什麼不多養雞就好？」但現實是，供應的彈性並不如理論那麼快，這正是價格波動的根本原因之一。

第二章　市場無所不在：你也是參與者

當需求上升、供給不變，價格怎麼動？

假設某週忽然流行蛋料理，大家瘋狂搜尋「茶葉蛋做法」、「蛋塔 DIY」，需求大增；但這時雞場還沒來得及擴產，供給不變。那麼怎麼辦？市場會透過「價格上漲」來回應這種落差。

價格升高有什麼作用？

- 一方面抑制需求（不是每個人都願意花 60 元買 10 顆蛋）
- 一方面激勵供應者（價格好，雞農更願意加碼生產）

這就是所謂的「市場出清」（market clearing）：價格在供需拉鋸中自動調整，直到供需重新平衡。

但這套機制的運作，也有成本——資訊不對稱、預期錯誤、群體恐慌、炒作行為都會干擾它，讓價格比應該高或低得更多。

價格不是原罪，而是「市場的語言」

很多人討厭價格上漲，覺得「商人太貪婪」、「政府沒作為」，但如果你把價格視為一種「訊號」，你會發現它其實是在幫你選擇。

- 價格漲,提醒你這東西短缺;
- 價格降,代表資源過剩或替代品興起;
- 價格穩定,說明供需相對平衡,市場信心足夠。

也因此,我們需要有能力閱讀價格、預測波動、理解訊號,而不是只從感受出發怪罪誰漲價。這才是面對現代市場的成熟態度。

當市場不再自由,價格就不再真實

當政府為了「穩定民心」凍漲價格或進行價格管制時,初衷或許良善,但結果往往是另一場災難。為什麼?

- 價格上限會讓供應者失去動力(價格不能反映成本)
- 價格下限會讓市場產生浪費(產出過多但無法銷售)
- 黑市與囤積行為會增加,反而讓資源更不均

這些都提醒我們:價格不是操控的工具,而是調節的語言,要尊重它,而非誤解它。

第二章　市場無所不在：你也是參與者

你不是價格的受害者，而是參與者

下次再看到雞蛋漲價，請別只做一位抱怨者。試著想想：

- 是什麼影響了雞農不願供貨？
- 是什麼讓大家搶購？
- 是不是有替代品可以取代？
- 我該調整自己的消費行為？

因為你所做的每一個選擇，其實都參與了市場的運作。你並不只是價格的接受者，更是價格的塑造者。

了解需求與供給，不只是為了看懂新聞，而是為了在變動中保持判斷力與行動力。這正是經濟學賦予我們的核心能力。

第三節　什麼是「看不見的手」：價格如何影響我們的行為

"By pursuing his own interest he frequently promotes that of the society more effectually than when he really intends to promote it."

「當他追求自身利益時，往往比他真心想促進社會利益時，更能有效地促進社會的整體利益。」

市場裡真的有「一隻手」嗎？

在經濟學的世界裡，「看不見的手」是最著名也是最具爭議的概念之一。它來自亞當斯密在西元 1776 年所寫的《國富論》。他指出，當每個人為了自己的利益行動時，無形中也會推動整體社會的資源分配更有效率。這就是那隻「看不見的手」的力量。

簡單來說，它像是市場裡的導航系統，不會告訴你「應該做什麼」，卻會透過價格、回報與風險，不斷微調你的選擇方向。這套機制不靠政府控制，不靠道德勸說，而靠數以百萬計的個人自由選擇。

第二章　市場無所不在：你也是參與者

一杯手搖飲，如何串起千人的行動？

想像你在街頭看到一家新開的手搖飲料店，推出「芝芝葡萄鐵觀音」限定新品，開幕前三天買一送一。你一看排隊人潮就心動加入，喝了一口果然好喝。你於是分享在社群媒體，引來更多人關注與搶購。

接下來發生什麼事？

- 店家觀察到此款銷量異常，隔週加開產線；
- 上游廠商接單增加，葡萄產地需求上升；
- 原料商價格上調，某些品牌考慮改變配方；
- 同業也推出類似產品以搶占市場。

你可能只是想喝一杯飲料，但你的選擇與分享，成為了影響整個產業鏈的一環。這正是「看不見的手」的力量：當你出於私利行動，市場卻默默透過價格與回應，引導出整體資源的重分配。

價格不是指令，而是行動的暗號

「看不見的手」靠的是什麼來發揮力量？答案就是——價格。

價格是市場語言的代碼，它同時對買方與賣方傳遞訊息：

第三節　什麼是「看不見的手」：價格如何影響我們的行為

- 對買方：價格高表示稀缺，你會三思而後買，甚至尋找替代品；
- 對賣方：價格高意味利潤增加，你會傾向增加生產或供應。

這些行為雖然看似零碎，卻在無需中央指揮的情況下，形成一個高度自動化的資源配置系統。

例如，在某地區出現缺水，瓶裝水價格上升：

- 消費者減少非必要性用水行為；
- 供應者加速調貨，資源流向短缺地區；
- 當地政府與企業重新思考水資源管理方案。

沒有人直接下命令，但價格的變化像一顆石子丟入湖面，引發一連串漣漪，影響了行為、結構與政策。

當「看不見的手」失靈時，會發生什麼？

當然，這隻手也不是萬能的。它的運作仰賴幾個前提條件：

- 資訊透明：買賣雙方都知道真實價格與品質。
- 自由進出市場：沒有人被強制退出，也沒人壟斷市場。
- 價格能自由調整：沒有人干預價格上升或下降。

當這些條件被破壞時，手就「看不見」了，甚至「伸不出去」。舉例：

- 壟斷市場：如果只有一家公司能賣藥，你就無從選擇，只能接受他開出的價。
- 補貼與限價政策：若政府長期干預價格，生產者可能失去意願，反而導致供應減少。
- 資訊不對稱：網購平臺的假評論、假銷量會誤導消費者判斷。

這些都說明，市場機制必須有一套良好的制度保障，才會運作順暢。自由不是無序，而是建立在信任與規則之上。

看不見的手，在你的人際與職場中也存在

這隻手不只存在於產品交易中，也滲透在你我關係的每個角落。

- 你幫助別人，未必求回報，但你建立了信任；
- 你持續努力工作，不一定馬上升遷，但聲譽慢慢累積；
- 你發文分享專業觀點，也許沒人立刻找你合作，但你在市場中已種下價值訊號。

第三節　什麼是「看不見的手」：價格如何影響我們的行為

每一個選擇與行動，都是對市場投出的價值籌碼。這些訊號未必馬上兌現，但會被無形的系統記錄與回應。正如「看不見的手」所強調的，整體秩序不是設計出來的，而是由無數參與者逐步編織而成。

做個會使用這隻手的人，而不是等它拉你一把

市場沒有情感，但市場會記住選擇；價格沒有立場，但價格會回應行為。

你每天做出的消費選擇、職涯安排、人際互動，其實都在透過這隻看不見的手對外發送訊號。你說了什麼話、花了什麼錢、站在哪個立場，那些訊號會帶你走向對應的結果。

「看不見的手」不是命運，它是你參與這個社會交換系統的延伸。掌握它，你就更能掌握自己的人生方向。

第四節　通貨膨脹、物價指數與你的生活壓力

"Inflation is the one form of taxation that can be imposed without legislation."

「通貨膨脹是唯一不需立法就能實施的稅收形式。」

你沒有變窮，但你真的「買不起」

你是否也有這種感覺：明明薪水沒少，卻覺得越來越吃緊？以前百元可以吃飽一餐，現在常常隨便點個午餐就破兩百；以前騎機車加油不到百元，現在加滿一桶油得兩百多。

這不是錯覺，而是你正在經歷「貨幣購買力下滑」的現象，也就是通貨膨脹（inflation）。

通膨不是某一項商品漲價，而是整體物價水準上升，也就是你「用同樣的錢買到更少的東西」。在經濟學中，通膨是一種「隱形稅」：它沒有公告、沒有政策、也沒有強制，但它確實一點一滴地侵蝕你的生活品質與消費自由。

根據臺灣主計總處 2024 年資料，過去十年間的 CPI（消費者物價指數）年均上漲約 1.5%～2.5%。乍看不高，但這

第四節　通貨膨脹、物價指數與你的生活壓力

意味著你今天花 100 元的購買力，在 10 年後約只剩下 82 元。如果你薪水沒變，實際上就等於每年「自動減薪」。

物價指數是什麼？你真的能代表「平均人」嗎？

政府公布的通膨數字常見指標是 CPI（消費者物價指數），但你是否曾想過：

「為什麼 CPI 說漲 2%，但我覺得明明漲了 20%？」

關鍵在於「你不是平均人」，而 CPI 是以一籃子商品、服務的平均價格變化計算，這些項目的比重與你真實生活支出不一定吻合。

舉例來說，政府的 CPI 會將房租、教育、醫療、外食、交通等綜合進去。但：

◆ 若你是學生，物價感知多集中於食物與交通；
◆ 若你是上班族，有房貸小孩，教育與房價就變得更敏感；
◆ 若你是退休族群，對醫療與日常生活成本最有感。

因此，我們應該關注的是「體感通膨率」（perceived inflation），而不是盲目接受新聞中的平均數據。事實上，許多國家已經開始討論「分眾物價指數」的制定，因為人與人的生活結構差異遠比統計模型更複雜。

為什麼會通膨？四種你生活裡的常見元凶

成本推動型通膨（Cost-push Inflation）

當原物料、能源、人事成本上漲，企業會將這些成本轉嫁給消費者。例如：國際油價上漲，運費提升，食品價格也跟著拉高。

需求拉動型通膨（Demand-pull Inflation）

當經濟過熱、民眾手上有錢，大家瘋狂搶購資產或熱門商品，需求高於供應，自然拉抬價格。例如房市熱潮、旅遊復甦潮。

貨幣供應過剩（Monetary Inflation）

當央行印鈔過多、利率過低，市場資金充斥，過多的錢追逐有限資源，也會造成價格上升。

預期心理作用（Inflation Expectation）

當大家「預期會漲」，就會提前購買、囤貨，形成自我實現的漲價預期。這種心理作用在糧食、衛生紙、蛋價上漲時特別常見。

這些通膨力量交互作用，使得通膨成為一種結構性、心理性、全球性的現象。你無法只靠節流應對，因為根本不是你花太多，而是錢不夠用了。

第四節　通貨膨脹、物價指數與你的生活壓力

當生活被侵蝕：通膨帶來的三種壓力

薪資停滯與實質收入下滑

若你月薪四萬元，物價每年漲 2%，十年不調薪等於年損失近一萬購買力。很多人沒變窮，但確實變得更緊了，尤其是固定薪資族群。

資產保值困難與貧富擴大

富人擁有房產、股票、企業，通膨時資產價格反而上升；但一般人若只有現金，反而會不斷貶值，導致「錢越存越薄、資產差距拉大」。

財務計畫失真與焦慮感上升

你五年前訂的「三十歲前存到一百萬」，在 2025 年的實際購買力可能只有原本的八十萬，退休金計畫、兒童教育基金都需重算。

在臺灣這種通膨相對「溫和」的環境，仍然能感受到這種「慢性剝奪感」。而這種感受，會逐漸影響消費信心、婚育決策、投資意願、甚至對未來的希望值。

你該怎麼辦？通膨下的生活策略指南

面對一個貨幣購買力逐年下降的世界，我們不能只做觀眾。以下是具體行動策略：

- 建立現金流而非只靠存款：每月多創造一筆自動收入（如寫作、家教、副業），比單純存錢更能對抗通膨。
- 投資資產勝過儲蓄現金：學習低風險的基金、ETF、REITs 等資產配置方式，讓你的錢「跟著漲」。
- 控制生活支出結構：把金錢花在長期有價值的項目，如學習、健康、關係，而非短暫刺激。
- 建立個人 CPI 帳本：觀察自己生活中哪些品項漲最多、哪些對自己最有影響，調整習慣、管控情緒。

通膨不是洪水猛獸，但它確實無聲地改寫著你的生活劇本。你若無法提升資產生產力，就只能眼睜睜看著自己失去選擇權。

你可以不當專家，但不能不懂價格

通貨膨脹並不只是經濟學家辯論的議題，也不是政府才能處理的系統問題，它存在於你買一杯咖啡、租一間房、選擇什麼時候結婚的每個細節裡。

第四節　通貨膨脹、物價指數與你的生活壓力

　　你不需要懂一堆通膨理論，但你要懂得如何應對、如何調整、如何用行動彌補價格差所造成的生活落差。當你不再說「東西怎麼越來越貴」，而是開始問「我的錢可以怎麼花得更有價值」，你就從受害者，轉化為市場裡的參與者與規劃者。

　　通膨奪走你購買力，但不是你面對未來的能力。真正的經濟力，是你不再用情緒抱怨物價，而是用思維與行動贏回自由。

第二章　市場無所不在：你也是參與者

第三章

工作,是經濟學的修練場

第三章　工作，是經濟學的修練場

第一節　薪水的本質：你到底在賣什麼？

"You are not paid by the hour. You are paid for the value you bring to the hour."

「你賺的不是每小時的薪資，而是你在這一小時內所帶來的價值。」

別再以為你是「被僱用」，你其實是「在交易」

「我月薪四萬，勉強夠用。」

「這工作沒升遷機會，但至少薪水固定。」

「怎麼別人做一樣的事，薪水就是比我高？」

這些話我們在職場中常聽見，但它們都透露出一個被動的心態：以為薪水是公司給的恩惠，而不是市場交換的結果。

事實上，你的薪資不是一份「報酬」，而是一種「價值對價的交換」。當你進入職場，你並不是「被僱用」，而是你把自己的時間、技能、情緒與責任「賣給」組織，換取固定或變動的金錢與資源。

換個角度看：你就是一個商品。你將自己包裝、定價、推銷出去，並接受市場的選擇。這看起來現實，卻是理解現

第一節　薪水的本質：你到底在賣什麼？

代職場與薪資體系的第一步。因為只有當你明白「自己在賣什麼」，你才知道要如何漲價、談判、或轉換客戶（雇主）。

薪水的組成：你不是賣「時間」，你是賣「價值密度」

許多人以為工作是「賣時間」，事實上這是最容易被低估的商業模式。真正有價值的員工不是一天工作八小時，而是每一小時所產出的價值遠高於時薪。

舉例來說：

◆ 一位工程師同樣寫程式，有人用一週完成一個模組，有人兩天內就搞定，時間相同，價值密度不同。
◆ 一位行銷人員每天發十篇貼文，但轉換率低；而另一位每週一篇，卻讓品牌成長倍數，誰該領高薪？

所以，薪資其實是「你每一單位時間所創造的可衡量價值」的市場價格。你越能在短時間內創造高影響、減少管理成本、提升產出品質，你的薪資就越高。

這也解釋了為何某些「高階顧問」一小時費用幾萬塊，因為他們能在幾分鐘內給出解方，幫企業省下上百萬的錯誤決策成本。

你提供的是什麼「產品組合」？你賣的不只技能

薪資不是只看技術力。企業願意給你多少錢，其實是在衡量你這個人所能「綜合輸出」的內容，包括但不限於：

- 硬技能（Hard Skills）：寫程式、會計、設計、報表分析等可量化能力。
- 軟實力（Soft Skills）：溝通、協調、抗壓、情緒管理、專案追蹤等職場影響力。
- 系統理解力（Systems Thinking）：能否跨部門思考、懂得流程背後邏輯、具備問題拆解力。
- 品牌價值（Personal Branding）：你的口碑、信任度、是否容易被推薦、是否成為團隊的「可信任人物」。

企業不是只買你「能做什麼」，而是你「整個人能帶來什麼系統性好處」。而這些條件，會不斷改變你的「市場價格」。

如果你發現自己總是停留在執行、被交代、被審核的角色，無法主動影響結果，那你的商品組合就過於「單一低價」。你需要提升的是價值組合的厚度與可替代性稀少度。

為什麼你會被低估？市場不是憑感覺給你薪水

很多人抱怨自己被低薪對待，其實並不是企業苛刻，而是自己沒有正確表達或強化自己的價值。

以下是常見的「價值誤傳」情況：

◆ 你只努力做事，但沒有讓人看見成果。
◆ 你完成了工作，但別人不知道你有多快、多省、多細膩。
◆ 你解決了問題，但沒人知道這問題多大、多危險。
◆ 你有好點子，但沒能推動到落地，價值就無法被驗證。

這些都會讓你在主管或公司眼中價值打折，進而影響加薪、升遷與外部報價的競爭力。

薪水不是感覺出來的，是「讓市場知道你的價值」後才會開始浮現。這也是為什麼許多高績效者會主動提出績效報告、貢獻敘事、或透過社群建立專業形象。

如果你自己都說不出自己的價值，那市場只會給你一個「安全底薪」的選擇。

如何讓薪資升級？價值升級的三種行動策略

打造「價值記錄系統」

每週寫下自己處理了什麼問題、貢獻了什麼結果、節省了什麼成本。這些資料未來可以用於談判加薪、更新履歷、或建立個人品牌資料庫。

將任務思維轉為成果導向

與其只關心「交出來沒」,更要想「產出造成什麼影響」。學會用 KPI（關鍵績效指標）語言與主管對話,讓你的付出被具體看見。

增加自己價值的「非替代性」

尋找屬於自己的專業定位,或在團隊中扮演連結角色、思維整合者、文化推動者等不容易被取代的位置,才能在市場中建立你的溢價能力。

你不是為了錢而工作,而是用工作塑造你的市場價值

薪水永遠只是結果,不是目的。真正重要的是:你透過每一份工作,是否在打造一個值得被高價交換的自己。

當你意識到自己不只是「時間販售者」,而是「價值供應商」,你就會開始精算自己的價值組合、行為表現與市場影響力。你也會更主動去學習、去爭取、去調整,因為你知道:

「價格,是市場給商品的尊重;而薪資,是你對自己價值的定義。」

第二節　為何同工不同酬：勞動市場的供需原理

"Equal work does not guarantee equal pay. It depends on the market value of that work."

「同工並不必然同酬，一切取決於那項工作的市場價值。」

同樣工作，為什麼有人領三萬、有人領十萬？

「我們明明做一樣的事，為什麼他薪水比我高？」

這是許多職場人難以釋懷的疑問。看起來兩人同工、同時、同壓力，甚至你還比對方更努力、更資深，結果對方卻拿了更高的薪水，還升得比你快？

事實上，這背後並非「公平」與否的問題，而是來自市場定價邏輯：你的工作價值，不只由「做什麼」決定，而是由「這件事在市場上的供需關係」來衡量。

在經濟學中，市場對任何一項勞動的「價格」——也就是薪資——來自三個核心條件：

- 這件事的需求量有多大？
- 能夠做這件事的人有多少？
- 替代這件事的技術或制度是否存在？

第三章　工作，是經濟學的修練場

薪資的高低，不是情感上的「我值不值」，而是市場是否需要、且有多稀缺你這項勞動組合。

勞動供需圖像：市場怎麼決定你值多少？

讓我們來看一個簡單的經濟邏輯：

假設有 100 家公司需要 UI 設計師，但市面上只有 50 位具備實務經驗的 UI 設計師。結果會如何？

這些設計師成了搶手貨，企業願意用更高薪水挖角，薪資自然水漲船高。

反之，假設有 50 家公司需要行政助理，但市面上有 200 位求職者符合條件，那企業就能選擇開出較低薪資，也會有大量人願意接受。

這正是勞動市場中最本質的定律：薪資由「高需求、低供給」所驅動，而不是由「努力與否」或「年資長短」所決定。

當我們理解這個邏輯，就會明白以下幾個現象：

- ◆ 網頁工程師與餐飲內場人員，工時相仿但薪資差距大，原因是工程師相對稀缺；
- ◆ 同樣是行政職，會資料庫或自動化者更搶手，因為替代性低；

◆ 領高薪的人不一定更累,但他做的事,能創造難以複製的價值與成果。

影響薪資的四個供需因素：不是個人努力,而是市場位置

技能的市場稀缺性

不是你懂多少,而是多少人也懂你所懂的。如果你會的技能在市場上供應過多,就會被壓價;若你會的是未來趨勢所需技能(如 AI 整合、資料科學、人機介面等),自然能提高報酬談判力。

產業報酬結構差異

金融、科技、醫療、製藥等高利潤產業,願意用高薪搶才;相對地,教育、服務、文創等低利潤產業,再優秀的人也難獲得高薪,因為整體薪資盤就低。

地理與平臺影響力

臺北與臺南同職務起薪可能差兩萬,跨國公司與本地中小企業對於同樣技能的定價也不同。平臺與資源越集中處,人才的價值也越高。

替代速度與難易度

如果你一週請假,公司就需派三人補位,那你就是「高價值低替代」型;反之,你若做的是 SOP 化流程,AI 或實習生都能處理,那你就是「可快速取代」型。

如何跳脫「價格壓縮區」?別做市場上最多的人

你若想提高收入,最直接的方式不是「抱怨自己不被看見」,而是從市場邏輯出發,讓自己從供給過剩的人群中跳出來。

這裡提供三個思維轉向與行動建議:

1. 轉換身分:從執行者變解決者

執行者做事,解決者解題。後者的市場需求更高,因為他們能減少管理者心力、預防風險、加速結果。練習向主管報告成果時加一句:「這樣處理是為了減少時間錯配╱避免未來出錯」就是一種解題者思維。

2. 擁有「雙技能」的交叉價值

你會設計＋行銷、會專案管理＋數據分析、會寫程式＋懂使用者經驗,這種「稀有組合」會讓你在職場上更難被取代。供需法則會為你加薪,不是老闆仁慈,而是你市場價值變了。

3. 別只問「薪水多少」，要問「這個職位的市場價格在哪裡？」

透過人力銀行、LinkedIn、社群論壇主動蒐集資訊，觀察同職位在不同產業、城市、公司規模的價值帶。與其等老闆來認可你，不如自己掌握行情並主動升級。

職場不是公平遊戲，是市場對價競技場

若你期望薪資與努力成正比，你會常常失望；但若你理解職場是根據市場原理與價值對價在運作的交換場域，你會有更高的行動自由。

以下幾個重點請你牢記：

- 你的職稱不值錢，你的影響力才值錢；
- 你的工時不保值，你的不可替代性才保值；
- 你的忠誠不加分，你的實績與未來潛力才加薪。

你可以選擇留在「供應過剩」的人才池中，也可以開始設計自己的價值模型，跳脫價格壓縮區，成為「供不應求」的職場資產。

第三章　工作，是經濟學的修練場

別只是做工作，要學會做「市場交易」

工作不是忠誠換報酬，而是價值交換價值。當你用「市場思維」來看職場，你會更清楚：不是誰欠你加薪，而是市場在等你升級。

你的價值，不是由公司決定，而是由市場決定；而你能做的，就是調整自己的位置，讓市場看見你值得更高價。

第三節　副業與斜槓的經濟底層邏輯

"Don't rely on a single income.　Make investment to create a second source."

「別只依賴單一收入，透過投資創造第二個收入來源。」

為什麼你不能只靠一份收入過日子？

在過去，「穩定的工作」是人生標配。一份薪水、一份保障、一份退休金，似乎可以涵蓋一切未來。但隨著通膨上升、產業快速更替、企業壽命縮短，「穩定」變得越來越稀有。

臺灣近十年青年平均起薪僅微幅成長，但房價、物價、子女教育費用卻大幅上漲。單一收入不僅難以抵抗生活壓力，更無法應對未來的不確定性。

另一方面，新冠疫情與 AI 科技的衝擊讓許多人意識到：一份工作可能在明天就不存在。而副業與斜槓，便在這樣的背景下成為一種「風險分散」的生存策略。

你不再只是上班族，而是必須學會經營自己這個「經濟體」，學會打造多源收入結構（multiple income streams），才能在動盪環境中維持自由與尊嚴。

第三章　工作，是經濟學的修練場

什麼是副業？什麼又是斜槓？

這兩個名詞常被混用，但實質上有所不同：

- 副業（Side Job / Side Hustle）：在本業之外進行的額外工作，目的以「補充收入」為主，例如兼職家教、翻譯、接案設計等。
- 斜槓（Slash Career）：跨足多個不同身分與職能，追求不只收入而是「多元角色與價值輸出」，如「工程師／作家／講師」。

副業解決當下的錢包問題，斜槓則是建構未來的身分資本。副業是加法思維，斜槓是乘法轉化。在這兩者之間，你不必二選一，但你需要了解自己的目的與資源現況。

經濟上來看，這是一種時間資本轉化為金錢或影響力資本的再分配策略。換句話說，你要讓時間「被重新定義」：不是只能賣給老闆，也能切割出售給市場。

副業背後的經濟邏輯：用時間槓桿打造第二曲線

副業之所以能補強單一收入結構，是因為它運用了三種經濟學邏輯：

第三節　副業與斜槓的經濟底層邏輯

邊際產值遞減下的補充價值

當你在主業的生產力已達飽和，新增一小時未必創造更多價值，但轉向副業卻可能產生額外效益。

交易成本降低帶來的市場開放

數位平臺（如 Udemy、Pinkoi、IG、Medium）降低了你販售專業、創意、時間的門檻。只要你有產出，市場就有可能出價。

非對稱時間槓桿

一次創作（如電子書、教學影片、線上商品）可重複販售，時間投入與產出不再一對一，進入「自動型收入」階段。

這些邏輯讓你在不離職的前提下，有機會創造一條第二曲線（Second Curve）：讓你在主業退化或遭遇風險時，不致失速墜落，而是有另一條收入軌道承接你。

副業並非「多做一點事」，而是「思維改寫」

許多人嘗試副業卻失敗，原因往往不是能力不足，而是錯誤的設計心態。他們以為「加班多做一些」就能賺錢，但副業若只是勞力的再販售，最後只會更累、更多挫敗。

副業與斜槓要成功，必須具備三個條件：

1. 可複製性（Replicability）

你要能將一次的努力轉換為多次效益。例如：把一次講課錄下變線上課程、將作品集建站展示、寫成電子書販售等。

2. 可放大性（Scalability）

若你每接一個案子都要重新花同樣力氣，那你就無法擴大收入。透過品牌經營、內容產出、社群建立，你可以放大被動流量與自動銷售。

3. 可替代性低（Low Substitutability）

你做的事越難被別人複製、越與你個人特色或價值鏈綁定，就越有定價主導權。例如專屬顧問、獨特作品風格、個人授權商品等。

副業不是時間填塞，而是時間戰略的設計；不是額外體力透支，而是價值與資源的重新編碼。

如何開始你的多元收入策略？

你不需要一次搞懂所有網賺模式，只要從你會的、喜歡的、容易被市場理解的出發。這裡提供一個簡單的三階段副業架構：

階段一：發現你的「價值產品」

- 你能教別人什麼？
- 你被問過什麼很多次？
- 你花時間研究、卻願意持續不懈的是什麼？

把這些答案寫下來，這就是你潛在的市場交換內容。

階段二：用平臺小規模測試

- 在社群媒體嘗試發文、提供小型教學、販售模板或個人服務。
- 用「回饋」來調整價值內容，不是自己想做什麼，而是市場想買什麼。

階段三：建立「複利型副業結構」

- 建立個人官網、電子報、課程平臺、被動收入資產（如書籍、商品）。
- 不斷優化「價值輸出管道」與「接收市場能量的入口」。

從勞動單軌到價值多軌，你才是自己的經濟策劃者

　　副業不是流行趨勢，它是這個變動時代給予每個人的自由邀請。你可以選擇繼續依賴一份薪水冒風險，也可以開始

第三章　工作，是經濟學的修練場

設計你的多軌人生收入模型。

不需要一開始就賺很多，但當你第一次用副業賺到錢，你就會明白：你的時間與能力，是可以在更多地方被兌現的。

真正的經濟自由，不是你有多少錢，而是你有多少「價值輸出選項」，不再被單一收入困住的人生，才有選擇的餘裕與自由的空間。

第四節　當裁員來臨：失業的成本與選擇

"It's not just the job you lose. It's the identity you have to rebuild."

「失去的不只是工作，還有你必須重新建立的身分認同。」

失業不是事件，是衝擊整體生活的連鎖反應

你可能曾聽過某位朋友的消息：「他被裁員了。」這句話通常伴隨同情、遺憾，甚至是些許的尷尬。但真正被裁的人心中想的，可能不是憤怒，而是──「接下來我該怎麼辦？」

裁員不是一紙公文，而是一場身分被取消的震盪。它可能同時影響：

- 經濟來源：現金流中斷，帳單依舊；
- 自我價值：被系統排除，懷疑自身能力；
- 人際連結：社交圈瞬間萎縮，資訊斷鏈；
- 生活節奏：原本穩定作息消失，失去日常重心。

第三章　工作，是經濟學的修練場

這些都會讓失業變成一種「多維度生活重組」。經濟學談失業，談的是失去工資的市場現象；但心理層面談失業，談的是你從價值生產者變成市場觀望者的焦慮轉換。

失業的機會成本：你失去的，遠不只薪水

多數人以為失業就是「沒錢賺」，但從經濟角度來看，真正的成本是失去「持續參與市場」所帶來的選擇權與身分感。

失業的機會成本包含：

- 人脈停滯與資訊落差：職場是資訊流的節點，離開就等於斷線。
- 技能磨損：越久未進入產業，市場技能需求變化越快。
- 面試資本耗損：履歷出現空窗期，面試時需花更多力氣解釋與補充。
- 自我否定累積：當「沒被錄取」次數增加，心理信心也跟著流失。

你不是輸在失業當下，而是輸在那段沒準備好迎戰市場的空窗期間。越快啟動重返市場的策略，越能將這段時間視為「重組期」，而非「流放期」。

當你失業，其實是經濟系統在「更新你的價值」

每一場裁員背後，其實隱藏著兩個事實：

- 你的勞動價值「對這家公司而言」不再符合其邊際效益；
- 這不代表你在整體市場中沒有價值，而是市場正在重新分配資源，你剛好被釋放出來。

從這個角度看，裁員不是你被否定，而是你被「重啟到待選狀態」，你將有機會進入一個更符合你價值的市場。前提是，你要理解以下幾個重要判斷邏輯：

- 被裁不代表能力差，而是公司策略變動或產業更替；
- 你是否還抱著舊有產出邏輯，未與市場新規則同步？；
- 你是否能說出你未來能為市場帶來什麼價值？

失業反而是一面鏡子，讓你重新檢視：我在市場中，是誰？我有什麼？我還能給什麼？

第三章　工作,是經濟學的修練場

面對失業風險,你需要這三層保護機制

1. 制度層面:社會保險與儲蓄管理

臺灣有勞保失業給付制度,可提供 6 個月最多 60％的原本投保薪資(上限依公告而定)。若能善用這筆資源作為過渡緩衝,加上 3～6 個月緊急預備金,會讓你更從容。

2. 心理層面:面對身分斷裂的修復力

請記住:「我被裁員」≠「我不重要」。

建立一個「非職場身分圈」非常重要——興趣社群、學習圈、志工活動,都是在你失去公司名片後,仍能存在的社交資源。

3. 行動層面:從被動求職轉為主動設計職涯

與其瘋狂投履歷,不如重新定位自己在市場中的角色。問自己三個問題:

- ◆ 我解決什麼問題?
- ◆ 我比別人多會什麼?
- ◆ 我如何用新的方式表達這個價值?

透過建立作品集、參與社群、分享專業觀點等方式,讓市場知道你仍然在場,你不是失業者,而是「重新上市的價值股」。

從失業到重啟：如何設計一段「重組期計畫」

這裡提供一個為期三個月的「價值重組計畫藍圖」：

第 1～4 週：自我盤點與修復期

- 分析過去經歷：哪些產出有價值？哪些技能過時？
- 製作一頁式「價值地圖」：清楚列出可立即對市場有貢獻的點。
- 開始重新規律生活，避免作息崩壞與情緒低潮。

第 5～8 週：市場重連與測試期

- 加入產業相關社群與論壇，參加聚會、線上講座。
- 練習在社群中輸出你的觀點，測試市場回饋。
- 小規模接案、擔任顧問或教學，創造現金流與市場再連結。

第 9～12 週：目標轉職與個人品牌建置期

- 強化個人履歷與作品集，導入量化成效與敘事化成果。
- 系統性地與前同事、合作對象聯絡，開啟人脈流動。
- 若有斜槓興趣，可設計成商品化或課程化測試副業可能性。

當市場說「再見」時,你要學會說「重來一次」

失業不是人生的句點,而是市場給你的重新選擇通知。你不是被淘汰,而是被釋出,去尋找真正契合你的價值場域。

失業真正奪走的,不是薪水,而是你是否還相信自己值得被市場選擇的信念。

而你要做的,是讓這段經歷成為轉換身分與強化價值的跳板,而非烙印。

第四章
個人品牌：
從內在定位到外在影響

第四章　個人品牌：從內在定位到外在影響

第一節　品牌不是標籤，是價值輸出與信任複利

"Your brand is what people say about you when you're not in the room."

「你的品牌是，當你不在場時，別人怎麼談論你。」

你以為你沒有品牌，但市場已經在標記你

當你聽到「個人品牌」四個字，會不會下意識想：「那是網紅或創業者的事，我只是個上班族。」

這種想法在過去或許合理，但在現代社會，已經過時。

事實上，品牌從來不是你設定的，而是別人對你的印象總和。你每天在會議上的說話方式、在社群上的發文風格、面對壓力時的情緒表現、你被介紹給他人時人家怎麼形容你——這些，就是你的「個人品牌」。

品牌不是包裝，而是價值的輸出軌跡。就像經濟市場中，價格只是訊號，真正能創造「長期價值」的是品牌背後累積的信任、穩定性與稀缺性。

你以為你只是安靜地做事，但其實你一直在「播送」自己在市場上的可見度訊號。

品牌的三個經濟學底層邏輯：信任、複利、可見性

個人品牌之所以能創造價值，不是因為你「有名」，而是因為你在市場中具備信任成本低、轉換成本高、辨識度清楚三項條件。

1. 信任成本低

一個有品牌的人，市場相信他交出的東西有品質、有誠信、可預期。因此雇主、客戶、合作對象不需要多花時間驗證，能快速決策合作。

2. 價值輸出具有複利性

當你不斷產出一致且有用的內容、觀點與成果，就會產生「認知偏好」與「專業形象」的疊加效應，形成市場上對你穩定且逐漸升值的信任。

3. 高可見度與低替代性

你能被看見、被記住，並且你的價值不能輕易被其他人複製，這是市場中最核心的溢價來源。可見度讓你進入選項清單，低替代性讓你擁有議價權。

總結一句：個人品牌的本質，就是你在市場中「最值得信任的版本」被看見與選擇的機率總和。

第四章　個人品牌：從內在定位到外在影響

品牌不是標籤，而是「他人怎麼介紹你」

多數人對個人品牌的想像是「包裝」，例如設計一張名片、搞個網頁、換個 IG 簡介。但真正有效的品牌，是來自「別人替你說什麼」。

這裡提供一個判斷式：

當你不在場時，人們會怎麼介紹你？

他們會說：「他很細心，凡事都處理得很完善」，還是：「他很會做 PPT，但脾氣有點大」？

這句話背後，代表三件事：

- 你的價值在哪裡被「記住」？
- 你的特點是否足以「區隔」？
- 你的特質是否會被「轉介」？

而這些，不是你自己說了算，而是你過去所有行為、選擇、產出在別人心中留下的加總印象。

打造個人品牌的五個實戰步驟

1. 定義你想解決的問題

品牌不是來自你「想當誰」,而是「能幫助誰」。問自己:我最擅長解決哪一種問題?哪一類人因為我的存在變得更好?這就是你品牌的「核心任務」。

2. 設計一致的價值訊號

選擇一個明確的「價值角色」並持續輸出:你是優化者、洞察者、創作者還是連結者?讓你出現在市場上的每一次,都讓人知道你代表什麼。

3. 建立可見的內容管道

在社群平臺(如 LinkedIn、Facebook、Medium)有策略性地發布觀點、成果與個人見解,讓市場對你的專業有感、有印象、有機會接觸。

4. 累積可轉介的信任資產

每一次專案成果、演講邀約、合作成效,都應該具體化、資料化,並請對方給予回饋,形成一套「信任證明機制」。

5. 強化自我敘事與個人敘述法

練習簡短而有力地介紹自己:不說職稱,而說「我幫助 XXX 的人解決 XXX 的問題」。這句話就是你品牌的市場所需版本。

第四章　個人品牌：從內在定位到外在影響

個人品牌的投資報酬率：從收入到影響力的全線上升

當你開始有了清晰且穩定的個人品牌，你將進入以下三種「經濟收益」：

◆ 談判力上升：你的價值被認識、定價變清楚，能談的價格與條件更好；
◆ 機會主動靠近：你不再只是找工作，而是工作找你。合作、轉職、斜槓皆如此；
◆ 影響力跨越領域：你的意見與行為能改變市場節奏與他人選擇，進而產生間接貨幣價值（如授權、邀約、顧問等）。

你不必成為有百萬粉絲的名人，但你應該成為在你的利基領域裡，最值得信任的名字之一。

品牌不是為了讓別人認同你，而是讓市場選擇你

真正的個人品牌不是自誇，不是精美履歷或業配內容，而是市場對你價值的「共識感」累積而成的現象。

品牌是一種社會貨幣，是你在人與人、組織與市場之間流通的「信任載體」。

你不是品牌的擁有者，而是品牌的管理人。你的行為與

價值輸出，就像投資組合一樣，持續建構它、擴張它、維護它。當市場願意選擇你，你的品牌就開始為你工作，哪怕你還沒開口要什麼。

第四章　個人品牌：從內在定位到外在影響

> **第二節　可見度不是喧嘩，而是信任建構的起點**

你不出聲，市場就把你當成背景

"If you don't show up, no one will know what you stand for."

「如果你不出現在舞臺上，沒人知道你代表什麼。」

我們總希望自己能憑實力被看見，但在這個聲量大於內容、曝光快於品質的社會裡，被看見本身就是一種稀缺資源的爭奪戰。

可見度（Visibility）不是你在舞臺上的表演，而是你是否持續出現在人們「記憶與選擇清單」中的機率。你可以再專業、再真誠，但如果你的聲音、想法、作品從未被外界感知，那市場自然也不會將資源分配給你。

許多人以為「安靜努力」就好，但現實是：在資訊過載的時代，沉默不再是美德，而是一種自我隱形。

你需要出現在對的位置、對的節奏中，以正確方式讓市場知道：「我在，而且值得被選擇。」

可見不是浮誇,是選擇參與公共記憶

很多人誤以為提高可見度就等於自我炒作或過度行銷,尤其是內向者、知識工作者與技術專才,容易抗拒「曝光」這件事。

但請理解:可見度不等於喧鬧,而是一種價值的社會流通權。

想像你是一家頂尖的餐廳,但沒有店招、也不上外送平臺、不在任何美食社團被提及,那消費者即使肚子餓,也找不到你。這不是產品不夠好,而是訊號不夠強。

個人也是如此。你必須被看見,別人才有機會認識你、理解你、選擇你、付費給你。你不是為了吸引所有人,而是為了被對的人找到。

社群不是表演場,是信任累積系統

社群媒體常被誤解為「炫耀場」,其實它更像是個信任的日常交易所。

你在社群上的每一次出現,都像在市場丟出一顆訊號球:

你說了什麼、回應了什麼、展示了什麼,會被人默默記錄在印象帳本裡。

當你一週分享一次專業觀點,半年發表一次成果故事,

不是要湊內容量,而是讓他人習慣你的存在。這種熟悉感,會逐漸轉化為低交易成本的信任。

市場不一定喜歡最專業的人,但一定信任「常出現且穩定的人」。

也因此,可見度的真正功能,不是讓你變紅,而是讓你「讓人放心」。因為人們相信:你還在,你持續,你值得合作。

經濟學視角下的「信任可見度曲線」

可見度與信任之間存在一條「信任累積曲線」:

- 首次出現:市場對你陌生,僅能接收基本訊息(如職稱、外型、風格)。
- 重複出現:出現頻率足夠,建立「熟悉感」與「預期行為模型」。
- 價值一致:每次出現內容與形象穩定,強化認知與情緒黏著度。
- 信任穩定:被視為某類問題的可信賴解法來源,進入合作清單。
- 價值升值:市場開始主動追蹤、轉介、報價給你。

這條曲線若中斷(長期消失、不更新、品質落差),會導

致信任掉落。因此，經營可見度最關鍵的不是「爆發」，而是「持續」。

只要你持續輸出價值、輸出觀點、輸出真誠，你就在這條曲線上穩穩前進。別問有沒有效，先問你撐多久。

可見度策略：讓市場看見真正的你

你不需要成為網紅，也不必每天發文，但你應該有自己的可見策略。以下是五項可操作建議：

選擇你要被記得的標籤

不是你做了什麼，而是你希望被市場記住什麼？請專注經營一到兩個主題與問題解法的定位。

創造可持續內容產出機制

每週 1 次短文、每月 1 次深度文章，或是主題講座、簡報、工具模板，建立你在「同溫層中的價值交換角色」。

記錄成果而非炫耀成果

用「我怎麼做、我學到了什麼」的語氣分享，比單純貼喜訊更能引發信任與共鳴。

參與而非操控互動

進入社群中「幫人解答」、「連結資源」、「參與討論」，會比單向廣播更能擴大你在市場的認知圈。

建立你的「信任時間軸」

用 Notion 或 Evernote 整理你每次曝光、合作、貢獻的足跡，這不只是履歷素材，更是你信任曲線的可視化成果。

可見度不是要讓你紅，而是讓你活著

在這個每三秒鐘就有一則新內容誕生的時代，你若不主動被看見，就會被動被遺忘。

可見度是信任的起點，也是價值的入口。不是你去追名聲，而是你用價值穩定地告訴市場：「我還在，我值得信任，我有解法。」

真正有意義的可見度，不是讓你看起來成功，而是讓真正需要你的人，有機會找到你。

第三節　影響力不是操控，而是選擇的被信任權

"Influence is not about convincing. It's about being the trusted option when choice arises."

「影響力不是說服,而是在別人做選擇時,你是那個被信任的選項。」

影響力不是要讓人聽你的話,而是讓人想跟你走

當我們談影響力,多數人會想到「說服力」、「領導力」、「群眾控制」這類概念。但真實生活中,真正能長久留存的影響力,不是強迫別人改變想法,而是在他面對選擇時,你是他主動選擇信任的人。

我們都曾被情緒性號召、過度包裝的話術吸引過;也都曾在冷靜後產生懷疑、甚至反感。影響若靠的是「手段」,就難持久;唯有建立在真實信任與價值對齊上的影響力,才能成為長期資產。

影響力不是壓迫,而是讓他人願意將選擇權交到你這裡的心理安全感。不是控制行為,而是提供選擇。

第四章　個人品牌：從內在定位到外在影響

操控與影響的本質差異：看你是否尊重對方的選擇權

操控與影響最大的區別，在於「是否保留對方的自由意志」。

- 操控者用語言、情緒或資訊不對稱，讓對方無意識地接受；
- 有效的影響者，則是讓對方在理解風險與價值後，自願做出選擇。

當你在社群上談論觀點、產品、立場或經驗時，請自問：

- 我是在引導理解，還是製造恐懼與焦慮？
- 我是用透明資訊說服，還是用稀缺性與話術壓迫？
- 我讓對方感到「自己選的」，還是「被推著選的」？

若你期待的是長期信任與持續合作，那麼「影響」的本質，就該是讓對方在資訊對稱下願意選擇你。

影響力的四個來源：價值、穩定、共鳴、願景

現代市場影響力的建立，不再靠權威，而是靠可共鳴、可持續、可參與的信任結構。

以下為四種深層的影響力來源：

價值輸出穩定

當你長期提供某類資訊、洞察或實用內容,市場自然會將你視為該領域的可信賴者。

情緒共鳴能力

你是否懂得說人話?是否能在他人煩惱時提出同理,而非高姿態知識?這類情緒共鳴,遠比單純論點更有黏著度。

邏輯清晰與觀點一致

若你的立場與分析總是跳動、語言情緒化,那影響力將很快被削弱。持續輸出一致的邏輯訊號,能強化信任。

願景導向,而非只談現成利益

真正讓人願意跟隨的影響者,不只提供「現在的答案」,而是給出「未來的可能」。願景能穿越短期誘因,建立更深的行動連結。

經濟學角度下的影響力:降低不確定性的角色

從經濟行為視角看,影響力者的角色其實是「降低交易決策中的不確定性」。

人們在面對選擇時,通常害怕三件事:

第四章　個人品牌：從內在定位到外在影響

- 做錯決定（決策焦慮）；
- 錯過好機會（機會成本）；
- 被當傻子騙（信任風險）。

而一個具影響力的人，會透過穩定的輸出、清晰的行動參照、合理的風險說明，來減輕這三種焦慮，讓人做出選擇時更安心。

你若能扮演這樣的角色，就能成為社群、職場或市場中最被信賴的決策支持者。當決策焦慮減低，選擇意願自然提高，這才是影響力的本質：幫助他人安全地做出行動決定。

真正的影響力，是讓人「感謝你出現在他選擇那一刻」

當別人在某個人生岔路上，不論是選工作、學習管道、解決某個難題，想起你，並主動聯絡你、詢問你、或推薦你，那代表：

- 你早已在他心中種下「可靠」、「可以參考」的標籤；
- 你不是當下才出現，而是長期參與他人生的可能性清單；
- 你的價值，不是被他「說服後才承認」，而是「從頭就信得過」。

這樣的影響力，不浮誇、不速效，但耐久、可轉介、能複利。

第三節　影響力不是操控，而是選擇的被信任權

　　若你希望被人尊敬、被市場選擇、被資源主動靠近，那麼，請別急著影響他人，而是先去累積「值得被信任」的紀錄。

第四章　個人品牌：從內在定位到外在影響

> **第四節　你的品牌資本，就是他人為你說的那句話**

"Your reputation is what others say about you. Your brand is what they say when you're not in the room."

「你的聲譽是別人對你的評價；你的品牌，是你不在場時他們怎麼談論你。」

品牌不是你說了什麼，而是別人替你說什麼

我們常以為品牌建構靠的是自我介紹、精緻的履歷與網站、社群發文的頻率與質感。然而，真正決定你品牌能否轉化為「市場信任」，往往來自一句你無法控制的敘述：

「你認識那個誰嗎？他很可靠，我找他做過報告，交件又快又準。」

或者，「她很有想法，我有幾個朋友都找她講課，學生反應不錯。」

這句話可能在你不在場的情境下發生，卻比你自己說上十句還有力。因為品牌的最終形態，並不是由你輸出什麼，而是別人怎麼記得你、怎麼敘述你、願不願意替你開口說一句好話。

這就是「品牌資本」的核心定義：可被轉介的信任紀錄。

第四節　你的品牌資本，就是他人為你說的那句話

為何轉介是最強的市場擴散機制？

在現代經濟中，信任成本是人們決策過程中最大的不確定因子。我們在選擇合作對象、顧問、創作者、講師、講者、服務者時，最常使用的決策捷徑是：

◈ 「誰介紹的？」
◈ 「你之前合作覺得如何？」
◈ 「他值得信任嗎？」

轉介就是這個世界為了降低風險所發展出的人際保險機制。

一個你信任的人若願意替某人背書，你就願意給對方一個機會。這種信任的「橋接作用」，是一種不可量化但極具經濟影響力的非正式貨幣。

你的品牌若能常常被人轉介，那麼你就不只是被看見，而是被選擇、被信任、被邀請進入高密度信任圈的那個人。

品牌資本如何累積？從敘述腳本到敘述經濟

我們可以用「敘述經濟學」（Narrative Economics）的角度來看待品牌資本的擴散機制。

當人們要介紹你時，腦中需要有個「標籤敘述」。

第四章 個人品牌：從內在定位到外在影響

這個敘述往往來自你長期重複展現的三個面向：

- 可預測的產出品質：合作過一次的人會知道你的交件標準與思維方式，下一次就敢推薦你。
- 情緒體驗感受佳：你是否讓人覺得好合作、好溝通、解決問題比製造問題多？這種印象會變成「可以放心交給他」。
- 定位標籤清楚：你是什麼領域的人？解決什麼問題最強？若別人講不出來，那他就無法幫你說出一句有用的話。

要累積品牌資本，你得先設計「他人可以輕鬆引用的敘述模板」，讓對方在 1 秒內說出：「喔，他就是 XXXX 那個人。」

如何讓人「願意說那一句話」：品牌的社交觸發器設計

要讓別人願意為你開口，必須降低對方「轉介成本」，提升「信任穩定性」，這裡提供三個策略設計方法：

1. 預先設定語言模板，幫對方說話

例如在你的名片、簡介、講座開場時，不只是寫「行銷講師」，而是說：「我專門協助企業用低成本建立信任行銷流程。」這句話就變成別人幫你介紹的腳本。

2. 營造「讓人想炫耀你」的印象效應

當你有某項明確成績或特質（如 TED 講者、得獎經歷、媒體曝光、創意作品），可以被他人用來「提升自己的眼光」時，轉介率自然上升。

3. 定期出現在他人的信任維護清單中

善用節日問候、內容回饋、主動感謝、轉分享他人作品等方式，讓你與對方的關係保持熱度，當有人詢問他推薦誰時，你會是浮現前排的人選。

品牌不是一次性廣播，而是多次輕觸的堆疊。

讓你的名字變成市場裡的「默認選項」

當別人談起某個領域，你的名字第一個被提到；

當他們需要某項能力時，不用查資料，而是直接想到你；

當有合作機會，他們會說：「這個案子，我覺得他最適合。」

這就是「默認品牌」的力量，也是一個人職場與市場價值的長期複利來源。它讓你：

- 不用主動找工作，機會會來找你；
- 不用砍價討生意，價格由你開；
- 不用頻繁自我介紹，信任會幫你說話。

第四章　個人品牌：從內在定位到外在影響

這一切的根源，就在於：你過去替別人創造的價值，已經變成他們未來願意傳遞的信任句子。

讓他人願意替你說話，是你最長久的品牌投資

你不需要每週拍影片、不必天天寫貼文，若你能讓合作過的人在他們的社群中、會議裡、聊天間說出：

「這個人很可靠，你找他準沒錯。」

那麼你就擁有了這個時代最實用的個人資產 —— 品牌資本的轉介力。

品牌真正的價值，不是你怎麼看自己，而是別人願不願意把你介紹給他所信任的人。那一刻，你的品牌開始發酵，你的信任開始滾利，你的影響力進入經濟層級的運作。

第五章

金錢與投資，從觀念開始

第五章　金錢與投資，從觀念開始

第一節　存錢是為了什麼？從時間價值談起

"Time is more valuable than money. You can get more money, but you cannot get more time."

「時間比金錢更有價值。你可以再賺錢，但你無法再賺時間。」

存錢從來不是為了安全感，而是為了選擇權

「我要存錢，因為我怕沒錢。」這句話很多人說過，但你有沒有想過：存錢真的能買來安全感嗎？還是只是短暫的心理撫慰？

現實是，即使存到一定金額，若你不理解這筆錢在未來能為你「買來什麼選擇」，那這筆錢很容易淪為數字幻覺。你可能很努力存了一筆錢，卻因一次錯誤的消費或突發事件，瞬間歸零；你可能以為存錢能讓你安穩老去，但不知道通膨早已讓它貶值。

所以我們應該問的不是「存多少錢」，而是「這筆錢將如何延長我對未來的掌控力？」

當你有一筆錢在手，你就擁有更多的談判空間、選擇時

間、轉職彈性、拒絕不合理條件的底氣。真正的安全感，不是有多少錢，而是你知道——你可以不被迫選擇。

什麼是時間價值？為什麼你現在的錢最值錢？

經濟學中的「時間價值」觀念，是理解存錢與理財的基石。簡單來說，今天的一元，比明天的一元更值錢。

原因有三：

- 今天的錢可以拿去投資，產生利息或報酬；
- 今天的錢風險較低，你可以立即掌控它的使用方式；
- 今天的錢買的東西，明天可能因為通膨變貴。

例如：你在 25 歲時每月存下 5,000 元、年報酬率 5%，到 65 歲時將累積超過 760 萬元。但如果你從 35 歲才開始一樣的存款條件，到 65 歲只會累積約 400 萬元。相差十年，結果卻差了一倍。

這就是時間價值的威力：錢不僅是「多少」，還包括「何時」開始運作。

第五章　金錢與投資，從觀念開始

你現在存下來的錢，未來能買多少自由？

很多人說：「我不是不想存錢，是我根本沒錢存。」但這句話若不加細究，會變成一種讓自己陷入資產遲滯的藉口機制。

讓我們換一種問法來看：

假設你每天可以多省下一杯手搖飲（約 60 元），一年省下 21,900 元。你若能將這筆錢投資於一個平均年報酬率 6％ 的基金，30 年後會累積約 175 萬元。這筆錢，足以支撐你未來某一段人生自由期。

更重要的是：存錢的本質，不是為了忍耐現在，而是為了改寫未來。

當你懂得把今天的花費轉化成未來的使用權，你就開始在市場中擁有「對自己人生議價的能力」。錢不只是一種貨幣，更是一種「時間的延遲控制力」。

財務自由的起點：讓存款具備「任務性質」

大多數人失敗於存錢，是因為他們「沒有目的地存」。錢就像水一樣，如果沒有水槽與管線，很快就會流掉。

因此，我們建議你把存錢這件事從「數字目標」改寫為「任務式結構」，也就是每筆錢都要有它的角色與任務。

舉例來說：

- 第一筆十萬元：應急資金，解決三個月失業或醫療問題；
- 第二筆二十萬元：自由跳槽基金，讓你可以離職後不慌亂找工作；
- 第三筆五十萬元：創業試錯本，給你一年探索期，不靠別人過活；
- 第四筆一百萬元：財務配對槓桿，投入長期報酬型資產，如 ETF 或房產首付。

如此一來，你的每一次儲蓄行為都不是「忍耐」，而是參與一個更長期的人生策劃任務。存款不再是冰冷的帳戶數字，而是你的「自由戰隊」——等待未來派上用場。

別為了省錢而存錢，要為了買下未來的主導權

很多理財書都在教你怎麼花少一點、少喝幾杯咖啡、少出幾次國。但真正讓你有財務安全感的，不是苦行式的省錢，而是你能不能在 30 歲前理解「金錢是時間的延伸形式」這件事。

當你每一筆存下來的錢都帶有「未來願景」的含義，那你就會更樂意放棄當下衝動的消費。因為你知道：

你不是在儲蓄金錢，你是在累積未來的人生籌碼。

第五章　金錢與投資，從觀念開始

- ◆ 那筆儲蓄，會讓你有拒絕不合理工作的底氣；
- ◆ 那筆儲蓄，讓你在面對緊急事故時不必求人；
- ◆ 那筆儲蓄，讓你能為自己與家人買下平穩的空間與尊嚴。

存錢，是一種溫柔的革命。你安靜地與未來簽了一份合約——讓現在的你辛苦一點，好讓未來的你有選擇、有節奏、有掌控權。

第二節　金錢與投資，從觀念開始

"Do not save what is left after spending, but spend what is left after saving."

「別把花完剩下的錢拿來存，而是該在存下來後再決定怎麼花。」

存錢是為了什麼？從時間價值談起

我們從小被教導要「存錢」，但卻很少人告訴我們：到底為什麼要存？存來幹嘛？存多少才夠？

很多人以為存錢的目的只是為了「安全感」，但如果你不理解「貨幣時間價值」這個觀念，你的安全感可能只是暫時的錯覺。

貨幣時間價值（Time Value of Money）指的是：今天的一塊錢，其實比明天的一塊錢更有價值。因為今天的錢可以投資、可以產生利息、可以創造更多價值；而明天的錢，會因為通膨與機會成本而變薄。

用更簡單的話說：

你如果在 25 歲時能存到 30 萬元，透過 5％的報酬率運作，40 歲時它就可能成長為 60 萬以上；

但你若在 39 歲才開始存 30 萬，它 40 歲時仍然是 30 萬 —— 晚存的不是錢，是整整 15 年的時間槓桿與複利能力。

因此，存錢的核心目的不是累積數字，而是買回未來的選擇權與自由度。不是讓你有錢不怕病，而是讓你有錢可以「不怕只剩一條路可以選」。

理財不是數字，是風險與期待的博弈

很多人以為理財是懂數學、看報表、選基金，其實這只是表層技能。真正的理財，是一場心理與風險偏好的對話。

你會選擇存定存？買儲蓄險？買高配息 ETF？還是買房？其實你選的不是工具，而是選擇一種你能「睡得著」的風險型態。

這背後有兩個關鍵心理變數：

1. 風險承受度（Risk Tolerance）

你能忍受多少帳面波動？看到資產下跌會焦慮嗎？還是你能鎮定等待修復？

2. 期待報酬（Expected Return）

你對財富成長的期待是什麼？每年要成長多少才算值得？你的報酬是財務的，還是心理的（例如安全感）？

真正的理財不是追求報酬率最高的產品，而是找到你

「能持續執行」且「能長期相信」的理財策略。

這也是為什麼，有人選擇穩健型資產照樣累積數百萬；而有人高風險投資，每次都重押，結果資產淨值年年打回原點。

你應該買股票嗎？行為經濟學的提醒

在臺灣，ETF 與美股投資越來越普及，「存股」成為全民運動，但你真的適合嗎？

行為經濟學提醒我們，人對金錢風險的認知，常被心理偏誤操控：

- 損失厭惡（Loss Aversion）：我們對「失去」的痛苦遠大於「得到」的快樂。當股票下跌 10%，我們的焦慮感遠超過賺 10% 帶來的滿足，這會讓人做出錯誤停損決策。
- 過度自信（Overconfidence）：大多數人自認為「我看的標的比較穩」、「我不會貪」，結果進場後反而情緒失控。
- 現時偏誤（Present Bias）：看到投資帳戶一兩天內沒漲，或連跌三天，就想轉換標的，忽略長期平均報酬與市場節奏。

這些偏誤讓許多人即使買進好資產，卻因為忍不住心理波動，而提前出場或錯誤加碼，最後賠掉的不是本金，而是錯失「時間複利」帶來的最大報酬期。

第五章　金錢與投資，從觀念開始

如果你還無法控制自己的情緒、還會一看到紅字就慌張，與其投入股票，不如先從「理財心理鍛鍊」開始：學會定期投入、延後回饋、與波動共處。

通膨吃掉你的退休夢？資產配置的真諦

「我只要存夠錢，退休就沒問題。」

這句話在 30 年前或許成立，但在 2025 年後的世界，這句話需要再加一個前提：

「除非你能跑贏通膨。」

根據主計總處資料，臺灣 2023 年 CPI 上漲率約為 2.5%。也就是說，你如果每年把 100 萬元放在利息 1% 的定存，實質上你的錢每年在「變薄」。

你以為你在保守，其實你正在「慢性虧損」。

通膨的本質就是悄悄偷走你的購買力，而你毫無知覺地接受生活質感退步。

因此，退休準備的關鍵不是「存多少錢」，而是「用怎樣的資產配置組合，讓你的資產成長速度＞物價上升速度」。

這裡是三層資產配置法則，供你參考：

◆ 穩定現金流層：如配息型 ETF、債券、定存保單，用來應付日常生活基本支出；

- 成長資產層：如股票型基金、國際指數型 ETF，用來對抗通膨與創造長期複利；
- 機會彈性層：如房產、小型創投、加密貨幣，用來把握風口，但金額應控制在整體資產 10%～15%以下。

你不是為了致富而理財，而是為了避免老後不得不縮衣節食、無法選擇醫療與住所。

讓錢為你工作，而不是你一輩子為錢工作

多數人不討厭工作，而是討厭「不能停下來工作的焦慮感」。

這正是理財與投資最深的目的：不是為了變有錢，而是為了讓錢幫你延長自由的時間與選擇權。

當你有基本的資產配置，穩定的收益節奏，你就能在 40 歲選擇自己喜歡的案子做、在 45 歲重拾興趣學習、在 60 歲即使退休也能維持生活水準。

這才是金錢應該扮演的角色 —— 支持你成為自己，而非綁架你變成機器。

財富不是擁有多少，而是「你多久能不依賴他人給你薪水，依然維持想要的生活」。這，是你與金錢關係的成熟定義。

第五章　金錢與投資，從觀念開始

第三節　你應該買股票嗎？行為經濟學的提醒

"The investor's chief problem – and even his worst enemy – is likely to be himself."

「投資人最大的問題 —— 甚至最可怕的敵人 —— 往往是他自己。」

投資不是靠技術入門，而是靠心理通關

近年來，ETF、臺股、美股投資蔚為風潮，幾乎成了新世代的「財務入門儀式」。許多 20 多歲的年輕人已開立證券帳戶、訂閱理財頻道、參與社群熱議，甚至開始固定「月配息」。

但問題來了：你真的準備好進入股票市場了嗎？

投資不只是工具的選擇，更是一場心理強度的比賽。從行為經濟學的角度來看，人類的理性投資行為極其脆弱，極易受情緒、預期、比較與焦慮所干擾。買進錯誤標的、錯失反彈機會、追高殺低、過度交易，這些現象幾乎不是技術問題，而是心理問題。

在你學會選股前，你要先學會「看懂自己」。

損失厭惡:為何賠錢讓你痛苦兩倍?

在經濟學中,我們假設人是理性的,但行為經濟學家丹尼爾・康納曼(Daniel Kahneman)與阿摩司・特沃斯基(Amos Tversky)早就證明,人們對於金錢的判斷並非以邏輯為基礎,而是以「感受」為驅動。

最經典的理論就是:損失厭惡(Loss Aversion)。

簡單來說,人對於賠 100 元的痛苦,約等於賺到 200 元的快樂。這意味著——我們對損失特別敏感,也特別焦慮。因此:

◆ 一看到股票下跌,就忍不住賣掉止血;
◆ 即便股票只是短暫修正,也會因情緒焦慮而錯失長期報酬;
◆ 為了避免看到帳面虧損,乾脆不開帳戶或不看報酬紀錄,導致錯過調整時機。

損失厭惡會讓你「不敢長期」,也「無法冷靜」。這種心理反應若無自覺,會讓你陷入「追高殺低」的死亡循環:追漲入場,賠錢退場,然後懷疑人生。

第五章　金錢與投資，從觀念開始

過度自信與短期偏誤：你的直覺常常在騙你

除了損失厭惡之外，行為經濟學也揭示投資者常見的兩大陷阱：

1. 過度自信（Overconfidence）

多數人都高估自己的判斷力，認為自己「研究過了」，比別人「懂市場」。結果常做出高頻交易、重押單一標的、不設停利停損等高風險操作。

真相是：市場短期是混亂的，沒有誰能穩定預測價格。

2. 現時偏誤（Present Bias）

你可能設下投資五年的目標，但只要遇到兩週內下跌10%，你就會懷疑人生，或急著換股。「長期投資」這四個字，是你買進時喊的口號，跌價時卻被焦慮全面打敗。

這也導致多數人投資報酬率不如市場平均。根據 DALBAR 研究，美國投資人過去 20 年平均報酬率為 4.25%，而 S&P 500 同期年報酬率則為 7.5% 以上。差距來自錯誤進出時機，而非標的選擇。

所以你該問的不是：「我應該買哪檔股票？」而是：

「我能不能承受這檔股票接下來兩年都不上漲？我能不能

不看帳戶,照規畫持續投入?」

如果你的答案是「不行」,那你可能還沒準備好進場。

你不是不適合投資,而是需要設計一個適合自己的投資行為系統

那你該怎麼辦?是不是就不要買股票?

其實你不是不能投資,而是要為自己設計「心理可承受」的投資方式。

以下是三種行為優化策略,幫助你與自己的心理偏誤和平共處:

1. 自動化定期定額:移除情緒干擾

設計固定時間、固定金額、固定標的的自動扣款投資法,讓你不需每次做選擇,也不會因短期波動干擾行為。

2. 設定「報酬等待期」與「不看帳戶週期」

告訴自己:這筆錢三年內不會動用,不看日報酬、不查即時漲跌,只在每季重新平衡組合。

3. 使用目標對應法建立情緒容忍空間

將每筆投資對應到一個具體目標(如五年後出國、十年後買房頭期),讓你在波動中記得:「我是為了某個人生計畫

在努力,不是為了贏市場。」

與其學會「戰勝市場」,不如先學會「設計自己能活下去的節奏」。

投資不是比誰賺得多,而是比誰能撐得久

金融市場從來不獎勵「天才」,它只獎勵能夠持續參與、穩定前進、情緒可控的人。

想像你是長跑選手,不是爆發力選手。你比的不是「起跑衝多快」,而是「誰能不因風向變了就放棄賽道」。

如果你能理解:

◆ 損失讓人痛,但不可怕;
◆ 心理波動不會殺人,但會殺掉你的紀律;
◆ 投資不是一場勝負,而是時間對你的報酬回禮;

那麼你就會明白:買股票之前,先建立一套讓你願意持續投入、失誤後能快速回歸正軌的「投資行為系統」,才是你能與市場長期共舞的根本。

投資的核心不是數學,而是情緒;不是選股,而是設計你能活得下去的節奏。

第六章

家庭經濟學：從廚房到房貸

第六章　家庭經濟學：從廚房到房貸

第一節　買房還是租房？別只聽建商說的話

"Owning a home is a keystone of wealth – both financial affluence and emotional security."

「擁有一間房，是財富的關鍵支柱 —— 無論是經濟富足，還是心理安全感。」

買房，不只是買牆壁，而是買一段人生的路線圖

在臺灣，買房幾乎等同於「人生完成一個重要關卡」。你可能聽過這些話：

- 「再怎麼樣都要買一間房，才有根。」
- 「租屋是幫房東繳貸款，不如自己買。」
- 「房子會漲，錢存在銀行會縮水。」

這些話背後，混雜著情感文化、資產焦慮與風險逃避。但買房真的適合所有人嗎？租房就一定是「虧」嗎？若我們把「家」視為一種功能而非地位，把「房子」當作一種配置而非認同，你會看見另一種選擇邏輯。

買房與租房，其實是一場對未來生活節奏與資金彈性的

大型決策案，比的不是頭期款，而是你願意用幾年的自由去換一份心理穩定，還是你願意延後擁有、保留空間等待機會。

購屋的迷思：你以為是投資，其實可能是沉沒成本

買房最常被包裝的理由之一，就是「房地產會保值」、「買房是投資」。然而實際數據顯示：

- 臺灣自用住宅平均持有年限為 15 年以上，轉手率極低；
- 大多數人購屋後無力再負擔大額投資或創業；
- 你不會把自住屋拿去變現，所以它的價值對你而言，不是資產現金流，而是帳面安慰。

更嚴重的是，買房往往伴隨龐大的隱性支出與機會成本：

- 利息總支出往往超過房價 30% 以上；
- 裝潢、稅費、管理費每年穩定侵蝕你現金；
- 當你綁死在一棟房上，若工作變動或地區生活品質下降，你的彈性將被完全削弱。

也就是說，買房如果買得太早、太大、太急，會讓你失去資產配置的彈性，並將未來現金流全部抵押在「一間不能動的牆壁」上。

第六章　家庭經濟學：從廚房到房貸

租屋不是浪費,而是用錢買流動性與機會權

對許多年輕人來說,「租屋」意味著沒有歸屬、沒有根基,但如果從經濟觀點來看,租屋其實是一種以較低成本買到高彈性、高自由度的資源使用方式。

以下是租屋在經濟上可被正當化的三大邏輯:

- 低固定成本,資金可靈活運用於創業、進修、投資等成長資產;
- 生活場域可依需求調整,不因「買了哪裡」而限制你的職涯選擇或人際網絡布局;
- 不需承擔房價下跌、維修風險與沉重貸款壓力,心理負擔小,可用更多心力創造收入而非守護資產。

換句話說,租屋不是「在幫房東繳貸款」,而是「用房東的槓桿,換你自己的機會空間」。

買或租,該問的不是「划不划算」,
而是「我的生活需要什麼樣的結構?」

真正決定你該買還是租的,不是房價的高低,而是你:

- 目前收入的穩定程度;
- 是否已有長期定居與工作穩定性;

- 是否已建立基本資產配置與現金流保障；
- 你對於「地點固定」、「社群建立」是否有高需求。

如果你正處在人生轉換期、職涯發展期，或對生活方式仍不明確，租屋給你的是「可修正性」，買房則是「固定承諾」。

另外請記住：房貸是你對銀行的長期合約，不是買斷自由的契機。

當你還沒想清楚人生未來五年的走向，就急著用房屋鎖定自己的生活，那麼你將在之後付出調整成本與心理代價。

如果你真的想買房，
請先讓自己成為能撐起它的財務架構

買房不是壞事，但它應該發生在你有以下能力之後：

- 至少已具備 3～6 個月緊急預備金，不會因突發事件而拆屋還帳；
- 你的每月房貸支出不超過家庭總收入的 30%；
- 你有其他可流動資產（如股票、基金）能彈性應對大額修繕與搬遷可能；
- 你買的房子是符合你生活軌跡，而不是符合父母期待。

第六章　家庭經濟學：從廚房到房貸

房子不是人生的目標，而是人生選擇結構中的一項工具。

當你不再「想靠買房證明什麼」，而是「知道自己要怎樣的生活模式」，你就會發現，房子只是你資產組合中能提供某種價值的物件而已。

房子不是「成家」的定義，而是選擇自由的延伸

「買房＝有成就」的時代，正在過去。真正的成就不是擁有多少水泥與磁磚，而是你能否掌握自己的生活節奏與金錢流動。

當你有自由選擇「租或買」、能計算未來風險、能調整資產彈性，那麼你才是真正擁有房子的人 —— 不論它是不是你的名字。

第二節　家計是家庭的經濟體系管理

"A budget is telling your money where to go instead of wondering where it went."

「預算的目的，是讓你的錢知道該去哪裡，而不是事後你才想它跑哪去了。」

家庭不是支出單位，而是資源配置單位

大多數人談家計，第一直覺是「記帳」，第二反應是「控制支出」，但這兩者其實都只是末端行為。真正的家計管理，不是壓縮，而是設計整體家庭資源的流動邏輯與目標分工機制。

從經濟學角度看，家庭本質上就是一個微型經濟體：有收入、有支出、有生產力、有風險、有負債、有儲備、有決策者與執行單位。若你還用「每月剩多少錢」來衡量家庭財務狀態，那你其實只是在做流水帳，而不是經營一個穩定、有韌性、能成長的家庭經濟系統。

家庭的經濟運作包括：

- 收入來源的多元與穩定性；
- 支出結構的比例與彈性；

- 財務目標的短中長期設計；
- 風險控管與緊急備案；
- 成員參與與分工機制。

把家庭當公司經營，你才能為生活留利潤，為未來創現金流。

家庭財務的四大系統：不是錢夠不夠，而是錢怎麼用

一個有效運作的家庭經濟體，至少要建構四個核心系統：

1. 現金流系統（Cash Flow System）

即每月固定與變動收支掌控，包括薪資、接案、副業、津貼等流入來源，與房貸、食物、交通、保險、學費等支出節點。

這是基礎命脈，需建立「家計日報表」或「現金流模擬表」，並做到至少每月一檢視、每年一調整。

2. 儲蓄與目標資金系統（Saving & Goal Fund System）

將儲蓄與生活預備金分開，並針對各類目標建立專項帳戶，例如：

- 教育基金；
- 換屋基金；

- 退休／長照金；
- 家族旅遊／年度慶典預算。

這些專帳能讓家庭消費不再「即興」,而有「預備」與「儀式感」,也有助於形成家庭對價值排序的共識。

3. 風險控管系統 (Risk Management System)

包含保險規劃、緊急預備金設計 (通常為家庭總支出 6 個月以上)、財務授權安排與醫療應變預案。這系統不能等意外發生才建,而需在財務穩定期就設好框架。

4. 資產增值系統 (Wealth Building System)

每月固定將可運用的盈餘進入長期資產,如基金、ETF、REITs 或房產,透過「家庭共同財富帳戶」或夫妻協議資產分配,建立被動收入管道。

家庭資產增值不是靠賭標的,而是靠系統性持續投入與長期複利運作。

家計管理是關係的共識工程,不是誰在掌控錢包

家庭財務最常見的問題,不在於沒錢,而在於沒有共識,導致錢用得雜亂無章、壓力歸屬模糊、角色責任失衡。

因此,有效的家計管理應納入以下三種溝通與合作:

第六章　家庭經濟學：從廚房到房貸

- 角色分工明確：誰負責記帳？誰處理保單？誰聯絡稅務？家庭經濟不是一人全包，而是分工協作。
- 每月一次家庭財務會議：不是說教、不是檢討，而是一起釐清本月花費是否反映家庭價值觀，並預告下月的財務安排。
- 建立共同語言與價值排序：例如「我們願意在旅遊花多一點，但衣服鞋子以實用為原則」，這樣能減少摩擦、提升彼此財務信任。

家庭理財不是「管控」，而是「共創」。它的終點不是餘額，而是「彼此都安心，且一起前進」。

用工具管理錢，而非用情緒管理生活

許多家庭在財務上陷入「壓力—爆發—歉疚—重新開始」的循環，根本原因在於：沒有用正確的工具與流程，來替代情緒反應。

以下是三種推薦的家計管理工具：

- Google Sheets 家庭財務控制表：可多人協作、即時更新，並有圖表呈現趨勢。
- 手機 App（如 Moneybook、YNAB）：適合記錄日常開支，並可自動分類與統計。

- 年度財務白板：在家中或辦公牆上，用一張簡潔表格列出各月支出與達成狀況，讓財務可視化、可討論。

用流程處理錢，就能用溫度處理人。家庭中最需要的不是多會理財的人，而是願意把理財當成共學過程的夥伴。

真正的家計，不是犧牲當下，而是保障未來能選擇

很多人把「做家計」等同於「過苦日子」，事實上，真正的家計管理是為了讓家庭更能有選擇權、更能掌握節奏，而不是活得更緊。

- 當孩子要補習或出國交換，你不必拆東牆補西牆；
- 當你想換工作或斜槓創業，你不必先問：「這樣家裡撐得住嗎？」
- 當意外發生，你有備案、有資源、有節奏。

這才是家計真正的意義：不是讓家庭變窮，而是讓家庭變可控。

當你能說出：「我們知道我們的錢怎麼來、怎麼花、要去哪裡」，那你就有了一個真正可運作的家庭經濟體。

第六章　家庭經濟學：從廚房到房貸

> ### 第三節　一個家庭的現金流，就是它的心電圖

"Cash flow is the lifeblood of any household. When it stops, everything else is at risk."

「現金流是每個家庭的生命線。一旦停擺，一切都會陷入風險。」

家庭的真實財務狀況，不是資產總額，而是現金流節奏

在財經節目上，我們常聽到人們討論資產配置、市場趨勢、ETF 報酬，但對一個家庭來說，真正影響生活品質的，不是資產數字，而是每天、每週、每月的現金流健康度。

你可能帳戶上有百萬元股票資產，但若本月現金流入減少、生活支出未控、帳單繳不出、醫療費付不出，你的資產只會成為「不動的數字背景」。

現金流的功能有三：

◆ 日常支出穩定供應（食、衣、住、行）；
◆ 應對突發事件的彈性來源（如修繕、醫療）；

- 支持未來目標與理財計畫的動能提供（儲蓄、投資、學費、旅遊）。

當一個家庭的現金流穩定，生活的節奏就穩定；反之，即使收入再高，若現金流結構混亂，也會成為高壓不安的家庭。

什麼是家庭現金流？一個簡單又精準的定義

現金流（Cash Flow），指的是你在一段時間內所有實際進出帳的現金活動，不是資產增減，而是「真的有錢進出你家戶頭」。

可分為兩類：

- 現金流入：薪資、兼職、副業、股利配息、補助津貼、出租收入；
- 現金流出：固定支出（房貸、學費、保險）、變動支出（伙食、交通、娛樂）、偶發支出（修繕、醫療、禮金）。

公式很簡單：淨現金流＝流入－流出

但困難的是：很多家庭「知道收入大概多少、知道有在花錢」，但不知道：

- 每月餘額是正還是負；
- 哪些開銷是必需，哪些是習慣；
- 一年當中哪些月份會出現支出高峰（如農曆年前、開學季）；
- 現金流是否支持預定的儲蓄與投資節奏。

這些資訊一旦模糊，家庭就如同一個身體少了心電圖監測，看不到心律異常的徵兆，直到真正出現經濟休克。

家庭現金流異常的五種徵兆與風險警報

若你發現下列情況重複發生，代表你的家庭財務可能正進入「現金流不穩定區」：

- 經常提前動用信用卡預支，並以卡養卡；
- 無法按時繳交房租、房貸、水電或健保費；
- 原計畫儲蓄金額無法執行，儲蓄變成剩下再說；
- 突發支出一來（如車壞了、醫療急診）就需拆投資或跟親友借錢；
- 夫妻間因支出分配出現反覆爭吵，彼此責怪對方亂花錢。

以上任何一點，都表示：你們不是沒錢，而是「錢沒有一個被管理的節奏與配置系統」。

第三節 一個家庭的現金流，就是它的心電圖

這就像心臟不是不跳，而是跳得太亂、太急、太沒效率，久了必然出現病變。

建立家庭現金流穩定系統的實用工具與步驟

想要讓家庭現金流「自動化」、「視覺化」、「低摩擦化」，可從以下三大策略著手：

1. 設計月週收支表（可用 Google Sheets 或 App）

每月建立一張表，將收入與支出分欄列出，搭配條列化的分類（固定 vs. 變動 vs. 偶發），每週花 10 分鐘更新一次。

推薦工具：Google Sheets ＋「收支預測列」＋「每月預算列」，建立家庭財務總覽表。

2. 設定每月「現金流指標燈號」

- 綠燈：每月餘額正數，且達成預計儲蓄比例；
- 黃燈：餘額偏低，需觀察是否連續出現；
- 紅燈：餘額為負，或須動用儲蓄帳戶，需立即調整支出或收入結構。

這種設計有如「家庭心電圖儀」，可快速顯示財務健康與否。

3. 每季一次家庭「現金流回顧會議」

夫妻或家庭成員一同檢視前三個月的現金流報表，評估：

- ◆ 是否支出過於集中？
- ◆ 是否有不必要重複扣款？
- ◆ 哪些固定支出可談降？
- ◆ 哪些收入可擴充來源？

這不只是帳本檢查，更是一種共同生活策略檢討會議，有助提升家庭合作與價值共識。

現金流穩，就是家庭最基本的幸福底盤

很多家庭希望未來能買房、出國、讓孩子補習、創業或提早退休，卻忽略了：這一切的前提，不是資產數字，而是現金是否穩定、有節奏、有餘裕。

因為現金流是一個家庭：

- ◆ 對未來有計畫的實踐力；
- ◆ 對突發風險的吸震能力；
- ◆ 對日常生活的心安來源。

當你每天不用擔心哪筆錢還沒進來、明天支票會不會跳票、後天繳不出保費，你才有空間去思考怎麼讓生活更好，

而不是只是讓它「不出事」。

　　健康的家庭財務，就像一條穩定跳動的心電圖：你看不見它在努力，但它正在支撐你生活的每一個角落不倒。

第四節　子女教養的經濟學：價值觀才是最大成本

"Children must be taught how to think, not what to think."

「孩子需要被教會如何思考，而不是被灌輸該怎麼想。」

教養的真正成本，不是錢，而是選擇背後的價值排序

在臺灣社會，「為了孩子，什麼都值得」這句話幾乎成了家庭財務的行動綱領。每月數萬元的補習費、鋼琴課、英語家教、科學營⋯⋯這些都被視為「不能少的投資」。但我們是否曾問過：

◆ 孩子真的需要這麼多嗎？
◆ 這些支出是在打造競爭力，還是安撫父母的焦慮？
◆ 我們花的錢，真的轉化為孩子的能力，還是只是填補短期成績的空窗？

從經濟學角度來看，教養是一種資源配置決策，而不是單純支出。你不是花錢在孩子身上，而是將金錢、時間、注

意力、情緒與信任等有限資源,投入在孩子未來能不能自主生活、獨立思考、有選擇權上。

這就是為什麼我們說:子女教養的最大成本,不是金錢,而是你賦予孩子怎樣的價值排序。

「補多少才夠」其實是父母的心理問題

很多家庭落入「無限補習循環」,其實來自以下幾個心理偏誤:

- 比較效應(Social Comparison Bias):看到別人補什麼,我們也要補,不然孩子輸在起跑點;
- 損失厭惡(Loss Aversion):怕不補會錯失未來升學機會,所以寧可補「萬一用到」的技能;
- 心理帳戶錯置(Mental Accounting Error):把補習費當作「必要支出」,而非「可評估性投資項目」。

問題在於:你花錢買來的,不一定是能力,而可能是安慰。

舉例來說,若孩子已對英文具備基本聽說讀寫能力,卻仍每週三次報名高強度的檢定班,是否真的有助於未來表現?還是只是父母在用「持續花錢」對抗「未知未來」的焦慮感?

第六章　家庭經濟學：從廚房到房貸

真正成熟的教養投資，不是「補越多越安心」，而是每一筆花費都有它的能力轉化設計、有它的退出機制、有它的目標對應。

教養支出的真正報酬，是讓孩子習得決策能力

想像一位父母，每月花上萬補習，卻從不讓孩子參與任何學費的選擇與決策過程。孩子雖然補了很多，但卻從未練習：

- 什麼是必要與非必要？
- 什麼叫投資回報？學習曲線？
- 成本與代價如何計算？什麼叫付出與成果不成比例？

結果是：孩子能力提升了，但決策能力薄弱，無法判斷要不要繼續學一項技能、何時停下來、如何衡量進步。

你給了孩子教育資源，卻沒有教他如何評估教育資源；你教他學英語、寫程式，但沒教他如何選擇這些事情的時機與節奏。

這會導致孩子進入大學或職場後，缺乏自主規劃與資源運用的能力 —— 而這，才是真正讓人貧窮一輩子的代價。

教養不只是灌輸，而是訓練孩子如何配置自己的注意力與時間，這才是教育最真實的經濟價值。

建構「家庭教育預算模型」：
不是多少錢，而是花在哪裡

你可以不做記帳，但你不能不設教育預算策略。這裡提供一個實用的「家庭教育預算架構」：

1. 總額比例法則

教育支出建議不超過家庭月收入的 15%～20%（視家庭總收入與子女人數調整）。這包括補習費、學費、教具、才藝班等。

2. 能力分軸分類法

將支出分為五軸：

◆ 語文溝通（如英文、表達訓練）
◆ 數理邏輯（如數學、邏輯遊戲）
◆ 身體素養（如運動、體能課）
◆ 藝術創造（如音樂、美術）
◆ 心理與人際（如營隊、自我探索）

評估是否過度集中於某一軸，忽略了人格完整發展。

3. 一年一度目標檢討制度

家庭每年應設定教育目標（如英文進步、音感提升），並在年底檢視學習成果、費用回報率與孩子真實興趣，作為隔年規劃參考。

這樣的設計，讓教育投資不再是「盲買課程」或「補完就好」，而是具體、有節奏、有價值對齊的資源規劃模型。

教育是投資，但回報形式從來不只有「考上好學校」

當我們談教育回報時，別只看升學成果，更要看：

- ◆ 孩子是否建立了獨立思考與解決問題的能力？
- ◆ 是否能適應未來工作變遷的挑戰？
- ◆ 是否有自我探索與自我管理的素養？
- ◆ 是否能看懂金錢背後的機會與限制？

一個孩子如果最終能夠自我規劃人生、自律安排資源、懂得什麼該放棄、什麼該投入，那麼你給他的教育就是成功的。

這樣的孩子，就算沒有頂大學歷，也能在人生各階段靈活轉向，擁有穩定經濟力與人格韌性。

真正的教養，是讓孩子能在沒有你的時候，也能為自己做出理性的財務與人生選擇 —— 這是家庭教育的最高報酬率。

第七章

商業的邏輯：

做生意也不只是賺錢

第一節　商品的價值誰決定？品牌、認同與定價心理

"Price is what you pay. Value is what you get."
「價格是你付出的,價值是你得到的。」

價值不是由商品決定,而是由買家心裡決定

一杯咖啡為什麼在超商賣 35 元,在連鎖店要賣 120 元?一件白 T 恤為什麼路邊攤賣 99 元,印上小 Logo 就能賣 890 元?這些差價的背後,絕對不是原料差異,而是價值感的建構過程不同。

在經濟學裡,「價值」分為兩種:

◈ 使用價值:商品能提供什麼實用功能,例如止渴、保暖、提升效率;
◈ 交換價值:市場願意為這個商品支付多少價格。

但現代市場早已進入認同經濟,使用價值只是一部分,心理價值與象徵意義反而決定了交換價格的高低。

價格是理性工具,價值是情緒決策。

市場不是用秤砣來計價,而是用身分、品味與想像來估值。

這就是為什麼:同樣的東西,因為誰在賣、包裝怎麼做、故事如何說,價值就會被大幅重新定義。

品牌不是標籤,而是「價值可以被信任」的保證機制

什麼叫品牌?從商業心理學來看,品牌其實是一種信任節省裝置:它讓顧客可以在不確定環境下快速做出選擇。

當你站在飲料架前看到上百種瓶裝水,你不會每一瓶都研究成分與來源,你會快速地從腦中拉出熟悉的名字:「這牌子我喝過,不錯」、「這個代言人我信任」、「它在我家餐廳也用這瓶」。

這種「讓人不費力選擇」的能力,就是品牌價值。

品牌的構成來自三大元素:

- 一致性:每一次的產品體驗都讓人安心;
- 故事性:品牌背後有讓人記得的信念與敘述;
- 可轉介性:人們願意推薦、願意用來標記自己的生活品味。

簡單來說,品牌能讓你「不用重新證明你的產品有價值」,而是直接跳過懷疑期,進入交易期。

第七章　商業的邏輯：做生意也不只是賺錢

認同是現代消費的核心邏輯

傳統上，我們以為人買東西是為了滿足需求，但其實現代市場裡的多數消費，並不是買功能，而是買認同。

- 購買特斯拉，不只是為了電動車功能，而是想成為「環保、科技、自主」的生活代言人；
- 使用某手搖品牌，不只是為了解渴，而是喜歡它的社群感、配方自由、質感定位；
- 穿某件衣服，不只是為了保暖，而是希望自己能融入某個圈層、說明一種「我是誰」的宣言。

這些現象說明了：現代人不只是「為了解決問題」消費，而是「為了讓自己看起來像某種人」而消費。

因此，做生意時與其不斷強調你的產品「有多好」，不如問自己：

「我的商品，能讓對方感覺自己是怎樣的一個人？」

這種「自我認同映射」，才是品牌真正的價值來源。

定價不是科學，而是心理策略的設計

許多創業者最常困惑的問題是：「我該怎麼定價？」但定價其實不是看成本＋利潤，而是掌握三個關鍵心理節點：

1. 比較參照（Anchoring）

若你是新品牌,一定要讓顧客「知道他原本會花多少錢」,再讓他覺得你提供的「更多／更好／更有效率」,價格反而划算。

例如:市場行情是 1 小時顧問費 3,000 元,你開價 2,500 元＋贈送事後報告,就會被視為高價值而非低廉。

2. 選擇設計（Decoy Pricing）

可用三段式價格設計引導客戶自然選擇中間方案。例如設三個方案:入門(便宜但限制多)、專業(功能完整)、旗艦(價格高但提升有限)。人類在選擇中,傾向挑中間選項。

3. 故事包裝與社會證明

透過用戶回饋、案例引用、口碑分享,讓價格「看起來合理」,因為人們不怕貴,只怕踩雷。

定價是一門社會心理學,你不是在說「我的東西值多少」,而是在設計一個對方願意為什麼價值掏錢的故事空間。

商品價值的本質,是信任的交易速度

最終,一個商品能不能被市場認可,不只看功能多強,而是你是否建立了一個「信任可以快速成立」的交易現場。

這個現場包括:

- ◆ 明確的產品定位；
- ◆ 穩定的使用體驗；
- ◆ 誠實透明的服務回應；
- ◆ 能被推薦、被再購、被記住的品牌印象。

當人們知道你賣什麼，信任你說的是真的，並願意告訴其他人你的好，那你的價值就不再是你說的，而是市場說的。

價值不是一開始就有的，而是你設計出來、溝通出來、執行出來的。

第二節
為什麼創業者總是死在現金流

"Revenue is vanity, profit is sanity, but cash is reality."

「營收是表面光鮮,獲利是理智指標,現金才是真相寫照。」

不是沒人買,而是錢沒進來:
現金流才是真正的生存線

你可能聽過這樣的創業故事:開幕前三個月業績飆升,媒體報導、網紅開箱、顧客排隊,創辦人也信心滿滿地加碼人手、投放廣告、囤積庫存。結果第六個月,現金不夠付薪水,第八個月關門大吉。

這種現象不是少數,而是創業常態。根據全球統計,90%以上的新創公司死在「現金流斷裂」上,而不是沒人買單。

什麼是現金流?簡單說,就是錢進來的速度是否趕得上錢出去的節奏。

創業初期常見的致命盲點:

第七章　商業的邏輯：做生意也不只是賺錢

- 忙著追營收卻忽略收款週期；
- 低估庫存積壓與應付帳款的壓力；
- 計畫太樂觀，以為一筆大訂單就能解決現金問題；
- 把貸款當營收，把成長當獲利。

結果是：商品賣得好，人也很拚，但錢永遠不夠用，最後倒在資金週期的黑洞裡。

現金流與獲利無關，而是與週期有關

許多創業者最大誤解在於：「我有賺錢，怎麼會現金短缺？」

這裡要釐清三個概念：

- 營收（Revenue）：帳面上賣出多少東西；
- 毛利（Gross Profit）：營收扣掉商品成本；
- 現金流（Cash Flow）：實際「進帳戶」與「出帳戶」的金流動態。

你可能這個月營收 100 萬元、毛利有 30 萬，但：

- 客戶要 90 天後才付款；
- 你已經付出 70 萬元材料、物流、廣告、人事費；
- 銀行貸款還要每月繳息；

第二節　為什麼創業者總是死在現金流

這樣的情況下，你帳面獲利，但實際上現金早已見底。這就是賺錢但活不下去的真相。

現金流不是結果，而是對現實動能的即時感應。當你看不到現金流異常，就像心臟病人沒發現自己的心跳節律錯亂，等到發病，往往已來不及。

四種最容易讓你破產的現金流陷阱

以下是創業初期最常見的現金流風險警訊，請務必避開：

1. 過度庫存與錯誤預測

基於「接下來會爆單」的幻想囤貨，卻忘了週期、需求、節令。結果商品堆滿倉庫變現金黑洞，賣不掉還需付倉儲費。

2. 收款週期拖延

B2B 業務常見：出貨了，但客戶 90 天才付款，還可能延遲。你付完製造與運輸費後，現金就卡死。

3. 錯誤定價與過度讓利

「先打折、賣多再說」的策略，若無對應現金流控管，會讓你每賣一筆都更接近現金赤字。

4. 過度擴張與盲目招人

初期業績成長即擴大店面、進貨、請人，卻沒有應變預算與現金備援，遇淡季立刻崩盤。

現金流風險不是來自你「做錯事」，而是你「以為現在好，就可以做更大」。

現金流風險預警與管理模型：創業者必懂的五大指標

這裡提供五個可自我檢查的現金流指標，每月定期盤點：

現金週轉期（Cash Conversion Cycle）

＝存貨週期＋應收帳期－應付帳期。

代表你從出貨到收現金需要多少天，愈短愈好。

月現金盈餘（Monthly Cash Surplus）

＝本月實際流入金額－本月實際支出。

只看帳面收入是陷阱，要看現金進出帳戶是否為正。

現金保命線（月支出存量）

你目前的帳戶現金可以支撐公司「無收入情況下」撐多久？低於 3 個月就進入高風險區。

毛利回流率

毛利是否能覆蓋固定支出？否則每賣一筆只是在補洞。

可動用現金占總營收比

理想值維持 15%～ 30%，避免「帳上很熱鬧，實際很冷清」。

現金流才是真正的信心保證，不是市場好消息

創業者常把「市場反應」、「媒體報導」、「用戶回饋」當成信心來源，但真正能讓你活下來的是：現金流還撐得住。

◆ 再多的媒體曝光，不如一筆能回收的訂單；
◆ 再多的社群互動，不如帳戶裡的存款還夠付薪；
◆ 再好的產品概念，不如一條穩定的金流回收線。

你可以沒有完美的商業模式，但你不能沒有現金流紀律。因為創業不是比誰理想高，而是比誰能活下來，撐到下一次機會來敲門。

在你沒打開下一條成長曲線之前，現金流，就是你的氧氣。

第七章　商業的邏輯：做生意也不只是賺錢

第三節　經濟規模與邊際報酬的魔咒

"Growth for the sake of growth is the ideology of the cancer cell."

「為了成長而成長，是癌細胞的邏輯。」

你以為做越大賺越多，其實可能虧越多

許多創業者與經營者都有一個天真的想法：「只要我做大規模，成本就會下降、獲利就會放大」。這個邏輯來自經濟學中一個重要理論——規模經濟（Economies of Scale）。

規模經濟的基本概念是：當產量增加時，平均成本會下降。例如：

◆ 買原料可以談更便宜的大宗價格；
◆ 廣告費平均分攤在更多客戶上，CP 值更高；
◆ 系統與流程一次設好，可支撐多倍業務量。

這一切看似完美，但現實商業世界卻常常出現「做越大，虧越多」的現象。為什麼？

因為大多數人只記得規模帶來的效率優勢，卻忘了另一個隱藏副作用：邊際報酬遞減（Diminishing Returns）。

第三節　經濟規模與邊際報酬的魔咒

什麼是邊際報酬遞減？為何會讓你的努力變成負擔

邊際報酬遞減是經濟學中的核心法則，意思是：

當其他條件不變下，你每多投入一個單位資源（例如人力、機器、行銷預算），最初產出會上升，但到某個臨界點後，每多投入一單位，產出增幅會愈來愈小，甚至開始下降。

舉例來說：

- 一間早餐店請第二位店員後服務效率提升，但請到第六位時，工作空間擁擠、溝通出錯反而拖累整體營運；
- 行銷預算從 5 萬元提高到 10 萬元可能讓觸及人數翻倍，但從 10 萬提高到 20 萬，卻可能只能多出 20％ 的點擊，轉換率還更低。

邊際報酬遞減會讓擴張策略出現不對稱風險：你投入的資源雖然變多，但得到的效益卻越來越少，甚至開始反噬。

這正是許多企業在規模擴大後，反而發現獲利率下降、成本反彈、品質難控的根本原因。

第七章　商業的邏輯：做生意也不只是賺錢

擴張不是複製，而是風險的再分配

許多創業者在第一家店或第一個產品成功後，就自然認為「複製成功」是理所當然，但事實上，擴張不是複製成功，而是把風險加倍複製一次。

當你想從 1 擴張到 10，你其實不是「把成功複製 10 次」，而是把：

- 成本來源擴大 10 倍（租金、人力、庫存壓力）；
- 決策錯誤空間增加 10 倍（因為市場條件不同、流程還未標準化）；
- 控管失誤風險擴大 10 倍（每多一人就多一份變數）；
- 協作與資訊失真風險以指數型成長。

擴張若沒有對應的資源、制度、心智升級，很可能讓你陷入「事做更多、賺更少、管更亂、睡不著」的災難模式。

這也是為什麼許多知名品牌創辦人會說：「第二家分店最難做。」因為它破壞了你對成功邏輯的單一假設。

如何避免「規模幻覺」？三個經濟思維自我檢查

想避免被規模擴張拖垮，你可以從以下三個問題檢視自己的擴張邏輯：

1. 現有模式是否可複製？

你的產品、流程、團隊文化是否可以在不同地點、不同人力資源條件下「同樣有效」？如果你本人的在場仍然是關鍵，那你不是在建系統，而是在分身。

2. 資源投入與產出是否呈線性？

你增加 10% 的投入，能否產出 10% 以上的價值？若不是，那你可能正接近邊際報酬遞減點，要小心操作策略。

3. 是否有延遲回饋與隱形成本？

例如品牌信任的耗損、顧客服務疲勞、人員流動率升高、品質控管崩潰等問題往往不會在第一個月爆出，而是擴張後的第六、九個月出現滯後性災難。

擴張不該是衝刺，而應該是一場財務與心智資源的耐力賽。

規模不等於成功，
維持利潤與效率才是真正的規模化能力

商業的終極目的，不是做最大，而是做最穩、最利潤可控、最能長期活下來的那一個。

當你發現：

第七章　商業的邏輯：做生意也不只是賺錢

- 你不再盲目追逐營收，而是重視每一筆營收後的毛利與現金流；
- 你不再以「我擁有多少分店／產品線」作為成就，而是以「我是否能用穩定資源養活系統」作為檢驗標準；
- 你開始拒絕短期快攻，而選擇慢慢建立流程、制度與內部獲利模型；

那你就開始脫離規模迷思的陷阱，進入真正「成熟經營者」的思維。

成功不是把一切做大，而是讓所有你做的事情都不失控、不虧本、可持續。

第四節　行銷不是推銷，是創造需求

"The aim of marketing is to know and understand the customer so well the product or service fits him and sells itself."

「行銷的目標，是了解顧客到一個程度，使得產品剛好符合他需求，自然就能賣出。」

行銷不是「賣出去」，而是「讓人想買」

多數人以為行銷的工作就是「說服顧客買單」，但那是推銷（Selling），而非真正的行銷（Marketing）。

推銷是：「這東西不錯，你買一個嘛。」

行銷是：「你有沒有發現你有個問題，而我們能幫你解決。」

推銷是外壓，行銷是內拉。前者依靠說服力，後者依靠需求喚醒。

當你需要靠話術才能讓人買單，那代表你沒做到行銷；

當顧客主動說：「我就是需要這個」，那才是真正的行銷效果。

行銷的本質，是一場讓顧客發現自己「缺口」的啟發設

計。你不是強加一個解方,而是先讓人看見問題,再讓人主動選擇解法。

需求不是自然出現,而是透過心理設計被「喚醒」

行為經濟學告訴我們,人的消費決策往往不是理性計算,而是以下心理因子組成的行動觸發:

- 社會比較(Social Proof):別人都在用,我是不是該試試看?
- 損失焦慮(Loss Aversion):現在不行動,會不會錯過?
- 即時滿足(Instant Gratification):點一下就能得到,我想立刻擁有;
- 身分認同(Self-signaling):買了這個,我看起來更專業、更成熟、更成功。

因此,行銷人員的第一個任務,並不是展示產品多好,而是設計「需求場景」:

- 不是賣除溼機,而是說明潮溼如何讓孩子氣喘加重;
- 不是賣筆電包,而是畫面中讓用戶感受到「有條理、專業感」的自我理想;
- 不是賣線上課程,而是說明「學完後你會更有掌控感」。

第四節　行銷不是推銷，是創造需求

需求從來不是等出來的，而是被情境、想像與焦慮「勾出來的」。

顧客要的不是產品，而是「變成某種人」的可能

現代行銷最關鍵的一句話是：

顧客不是買產品，而是買「他想成為的自己」。

- ◆ 買健身教練課的人，想成為的是有紀律的自己；
- ◆ 買自動理財工具的人，想成為的是有金錢掌控力的自己；
- ◆ 買極簡風餐具的人，想成為的是生活有質感、有設計品味的自己。

這種從「功能導向」到「身分導向」的轉變，意味著你做行銷時要轉換發問方式：

- ◆ 不問：「我們產品可以做什麼？」
- ◆ 而是問：「我們的產品，能讓使用者變成怎樣的人？」

當你的品牌、內容、包裝與敘事能幫助顧客完成一段心理旅程 —— 從現在的自己，走向想成為的自己，那麼產品就會被納入他「自我實現劇本」中，自然產生長期依賴與回購行為。

第七章　商業的邏輯：做生意也不只是賺錢

內容、敘事與社群：現代行銷的三大核心槓桿

當代行銷不再靠大量曝光或強勢廣告，而是透過以下三大槓桿組成：

1. 內容（Content）是價值入口

提供有用、有啟發、有解方的內容，能先建立價值信任與專業印象，讓顧客先從「閱讀」進入「認識」。

例如：保險業務員不再推商品，而是寫文章解釋各類風險場景與規劃建議。

2. 敘事（Narrative）是認同橋梁

一個好產品，沒有一段好故事，無法被記住。好敘事會讓使用者覺得：「這就是我！」「我也曾經這樣！」

例如：一支牙膏不是「有效」，而是「來自一位兒科醫師想幫助女兒不怕刷牙的故事」。

3. 社群（Community）是擴散機制

當顧客認為「這個品牌不只服務我，更代表我的價值觀」，他就會主動分享、回應、捍衛，成為品牌的無薪銷售員。

從被說服到主動說服別人，是行銷進入信任裂變的臨界點。

第四節　行銷不是推銷,是創造需求

行銷的終點,不是成交,而是讓顧客信任你不只一次

真正成功的行銷,不是單次的銷售行動,而是建立一段長期關係的開端。

你做行銷,是為了讓對方認識你、信任你、依賴你、轉介你,並在未來繼續選擇你。

- ◆ 讓顧客主動開口問你問題,是品牌成功的第一步;
- ◆ 讓顧客在他人面前願意推薦你,是行銷的終點與複利起點;
- ◆ 讓顧客覺得「有你存在,我生活比較容易」,那你就再也不需強行推銷。

行銷不是「把產品推出去」,而是「把對方的需求拉進來,並且設計好一段成為更好自己的旅程」——這才是現代行銷的靈魂。

第七章　商業的邏輯：做生意也不只是賺錢

第八章

政策與社會經濟：

為何我們感覺更窮？

第八章　政策與社會經濟：為何我們感覺更窮？

第一節　稅收真的公平嗎？稅負與再分配的真相

"The hardest thing in the world to understand is the income tax."

「全世界最難理解的事情，就是所得稅。」

稅不是你給國家的「罰款」，是國家向你收取的「參與費」

多數人對稅的第一直覺是：「政府又要拿我的錢。」

但其實，稅收本質上不是「搶走你的財產」，而是你作為社會一分子的基本參與門票。

透過稅收，國家才能：

◆ 維持社會治安（警察、司法系統）；
◆ 提供公共建設與醫療、教育服務；
◆ 執行社會福利與弱勢照護；
◆ 建構社會保險與基礎安全網。

然而，理解「納稅義務」是一回事，感受到「納稅公平」卻是另一回事。臺灣許多中產階級常有以下感受：

第一節　稅收真的公平嗎？稅負與再分配的真相

- 「我賺不多卻繳很多稅」；
- 「有錢人好像都找得到節稅方式」；
- 「補助都不是給我，是給比較窮的人，那我不就白繳？」

這些看似情緒化的聲音，其實指向一個更深的問題：我們的稅制，是否真的在實現所謂的「公平」？

臺灣的稅制為何讓中產階級特別有壓力？

從結構上來看，臺灣的主要稅收來源可分為：

- 直接稅：如綜合所得稅、營利事業所得稅；
- 間接稅：如營業稅（VAT）、菸酒稅、燃料稅、關稅等。

乍看之下，臺灣稅負比率不高（整體稅收占 GDP 約 12%～14%，在 OECD 國家中偏低），但實際上，中產階級感受到的稅壓卻相對沉重，主要原因如下：

- 稅基過窄：高所得族群可透過資本利得、股利所得分離課稅避開高稅率；
- 稅務設計偏向所得稅與消費稅雙重擠壓：薪資階層既繳所得稅，又因消費習慣承受間接稅壓力；
- 扣除額設計未能反映真實生活壓力：子女教育、醫療、房貸等支出雖有列舉扣除，但上限過低、不具彈性；

第八章　政策與社會經濟：為何我們感覺更窮？

- 稅收未清楚對應公共服務體感：民眾難以感受到「我繳的稅，改善了我的生活」。

這導致許多上有老、下有小的中產戶收入進不了富人圈，稅卻繳得比誰都勤，補助也領不到，成為臺灣最焦慮的財務階層。

「公平」不等於「一樣」，是要能合理負擔並有效再分配

談稅收的公平，不能只看誰繳比較多，而要看是否根據「能力課稅」與「用途透明」原則來設計與執行。

理想的稅制有兩大功能：

- 籌措財源：讓政府能提供基本公共服務；
- 財富再分配：透過進步稅制與社福支出縮短貧富差距。

但這兩者若設計不當，就會產生「負擔集中但受益分散」、「制度中立卻結果傾斜」的現象。以臺灣現況來說：

- 所得稅雖採累進制，但資本所得（如股利、證券交易、房產轉手）稅率遠低於薪資所得；
- 遺產稅、贈與稅改革後有修正，但實務上高資產者依然能以信託與境外結構規避稅負；

◆ 財富再分配效果有限,社會救助往往限於極低收入族群,中間收入家庭反而被忽視。

這導致整體制度呈現出一種「看似中性,實則傾斜」的結果:看起來大家繳稅規則一樣,實際上承擔風險與受益的不一樣。

我們該問的不是「繳不繳得多」,而是「繳出去後變成了什麼?」

稅收的正當性,來自於用途與信任的對價關係。

當你看到你的稅金變成:

◆ 免費或低費用的健保服務;
◆ 老年父母有年金與基礎生活保障;
◆ 孩子的學費與學餐有實質補助;
◆ 自己未來老年有長照與社福安全網⋯⋯

你會更願意配合制度、參與公共事務、願意納稅,因為你知道:「這不只是我給出去的錢,而是我透過制度拿回的權利。」

但當你感覺不到這些 —— 比如補助排富排掉你,健保上漲卻排不到門診,學校資源品質差異大,交通設施落差大

第八章　政策與社會經濟：為何我們感覺更窮？

時，稅收就不再是公共參與，而變成一種被動「徵收」。

稅不是問題，問題是 —— 稅收變成了誰的政治資源，而不是我們的社會保障。

下一步不是抗稅，而是懂得監督與參與

我們不是鼓勵你去「逃稅」，而是希望你成為一個能理解制度、並有能力監督與改進制度的人。

這裡有三個具體行動建議：

- 熟悉自己的稅負結構：學會閱讀綜所稅申報書、了解各項扣除額設計、清楚報稅與節稅的合法工具。
- 要求預算透明與政策對應：追蹤地方政府、中央政府稅收使用狀況，關注哪些預算被拿去補貼財團、浪費在冗建案，哪些投入在公共教育、長照或數位基礎建設。
- 參與稅改或公共預算討論：成為能提出問題、參與諮詢、連署與倡議的公民群體，從個人稅單走向公共議題。

真正的財富自由，不只是你繳少一點稅，而是你知道你繳出去的錢，未來能在怎樣的社會中被回收成你的生活安全與選擇自由。

第二節　最低工資與基本收入：政府該介入多少？

"The test of a civilization is the way that it cares for its helpless members."

「一個文明的考驗,是它如何對待最弱勢的人。」

最低工資:是保障還是限制?

政府是否應該介入市場「強制訂出最低工資」?這是自由市場派與社會福利派長年爭論的焦點。

最低工資的支持者主張:

- ◆ 能避免雇主剝削,提升低薪族群生活品質;
- ◆ 增加內需消費,因為低所得者傾向將所得用於即時支出;
- ◆ 減少社會福利依賴,讓打工族有活下去的底線收入。

但反對者則認為:

- ◆ 增加人力成本,反而使企業減少僱用意願;
- ◆ 對中小企業或勞動密集型產業打擊大;
- ◆ 可能加劇失業、造成「地下勞動市場」擴張;
- ◆ 無法反映不同地區、行業的彈性需求。

第八章　政策與社會經濟：為何我們感覺更窮？

舉例來說，臺灣歷年來的最低工資調整，每次都引發餐飲、服務、長照等產業反彈，擔心「加薪＝裁員」。然而實證研究顯示：合理範圍內的最低工資提升，對就業影響其實有限，但若過高過快，確實可能產生結構性排擠效應。

換句話說，最低工資就像是一道防波堤：擋得住部分潮水，但也可能阻擋了水的流動彈性。

基本收入：烏托邦理想還是未來選項？

基本收入（UBI），指的是政府不分貧富、每人每月固定發放一筆足夠生活的金額，不附加任何條件。這個概念在過去被視為「理想化社會主義」，但隨著 AI、數位化、平臺經濟讓工作型態不穩定化，全球越來越多城市與學者開始認真看待這項政策。

支持基本收入的理由包括：

◆ 因應科技取代大量低技能工作所產生的「結構性失業」；
◆ 減少行政補助制度的複雜與汙名化問題（如低收入戶認定）；
◆ 增加個人自由選擇空間：可選擇學習、照護、創業、過慢生活；
◆ 促進創意產業發展，讓人不為生存而工作。

但批評者則指出：

- 成本極高，政府財政難以負擔（例如每人每月給 1 萬元，全民一年就要 1.2 兆）；
- 可能打擊工作動機，產生「不勞而獲」風氣；
- 高收入族群也領取，違反「貧富調節」原意；
- 難以確保「不被物價反向吞噬」（如租金跟著上漲）。

目前實驗案例包括芬蘭、加拿大、荷蘭部分城市、以及美國舊金山、加州的地方試驗計畫，大多以「低額＋時間限定」進行，初步結果多為：

- 精神壓力降低；
- 就業意願未明顯下降；
- 教育與健康指標略有改善；
- 政治與社會信任度提升。

基本收入真正回應的是：當經濟結構性改變後，「工作」不再是所有人都能公平參與的生存機制。

政府介入的兩條界線：生存底線與激勵極限

經濟學界對政府介入的討論，不是「要不要介入」，而是「介入到什麼程度才不會失衡」。

可分為兩個核心功能：

| 第八章　政策與社會經濟：為何我們感覺更窮？

維持基本生活底線（Survival Floor）

　　政府應保障所有人有最低生活條件，避免社會陷入「絕望與暴力的臨界點」。這包括最低工資、公共住宅、健保、基本教育與營養補助。

避免過度激勵扭曲市場（Incentive Cap）

　　政策若給得太多、太久、過於無條件，將導致部分人退出勞動市場、形成依賴心理、壓抑創造性與勞動參與。

　　關鍵在於平衡：

- 政府扮演「安全網」的角色，而非「生活全部保障者」；
- 民眾能因制度減少恐懼，但仍需自我努力才能改善生活條件；
- 政策設計應以「過渡性扶助」為主，不應變成「長期性安置」。

對臺灣而言，該如何理解與應用這兩套制度？

　　臺灣目前既有最低工資制度（基本時薪 2025 年為 190 元），也有各類社會補助，但「全面基本收入」尚未進入主流政策框架，部分原因包括：

- 財政結構以社保與健保支出為主,彈性資源不足;
- 人口老化加劇,未來支出壓力日益龐大;
- 中產階級稅感壓力高,對「全民補助」存在心理與制度抗拒;
- 政治上缺乏跨黨派長期社會福利設計共識。

但同時,我們也面對三個挑戰:

- 低薪結構未解,工時長但儲蓄低;
- 青年負擔加重(租屋、教育、父母照顧);
- AI 與數位勞動型態變化快速,保障空窗越來越大。

因此,我們應思考「政策升級而非照抄」:

- 採取選擇性基本收入試驗(如針對青年或弱勢創業者);
- 改良最低工資配套制度(如提供小企業薪資補貼);
- 設計可轉換式社會補助(如失業補助與技能培訓直接掛鉤);
- 建立勞動型態多元保障機制(如平臺勞工納保、兼職者職災保障)。

不管政策如何走向,社會的價值選擇才是關鍵

我們對最低工資與基本收入的看法,其實反映的是整個社會對「工作、尊嚴、分配、效率」這些概念的價值排序。

第八章　政策與社會經濟：為何我們感覺更窮？

- 若我們認為「努力就該得到報酬」，我們會傾向反對全民補助；
- 若我們認為「機會並非人人平等」，我們會支持設立底線保障；
- 若我們相信「自由市場自然有效率」，我們會反對干預；
- 若我們相信「市場會失靈且不公平」，我們就會期待國家角色。

這些不是數據能決定的，而是「集體共識」與「政策願景」的結果。

最終，我們想要打造的，是一個讓人願意努力，但不害怕失敗的社會。這不靠哪一種制度，而靠我們是否願意在經濟與人性之間，找到新的平衡。

第三節　社會保險：繳錢的當下與未來的保障

"Social insurance is not a charity; it is a return for contributions made."

「社會保險不是慈善，而是對貢獻的未來回報。」

社會保險的本質：不是福利，是制度型風險分攤

多數人以為社會保險是「政府給的」，但其實社會保險是建立在一個基本原則上：我今天繳，是為了明天用；你今天用，是因為過去有人繳。

它是一種：

◆ 風險共擔機制：透過大量參與者分攤少數人遭遇的突發成本（如醫療、失能、老年）；
◆ 代際契約結構：目前的工作世代供養退休世代，等自己退休時再由下一代支撐；
◆ 集體預算前置制度：把未來可能發生的高成本支出（醫療、長照）轉為可預測、可規劃的定期繳費。

因此，不論是健保、勞保、年金、失能或長照保險，本

第八章　政策與社會經濟：為何我們感覺更窮？

質上都不是慈善補助，而是社會契約的一種形式。

但問題在於，當代契約與參與者結構產生扭曲時，就會出現「繳的人越來越多，能領的人卻越來越少」的制度壓力。

為什麼我們現在繳得多，卻擔心將來拿不到？

這正是臺灣目前面臨的社保矛盾：「信心赤字」比財務赤字更危險。

原因一：人口老化與勞動人口萎縮

根據主計總處預測，臺灣2025年將進入「超高齡社會」，也就是每5人中就有1人是65歲以上長者。

→意味著領取國民年金的人愈來愈多，但繳納的人愈來愈少，制度的代際結構逐步失衡。

原因二：制度未與時俱進，改革延遲

例如勞保費率多年未調整，財務缺口年年擴大，但政治人物不敢碰，導致「年輕人繳得多，卻不信將來能領」。

原因三：資訊透明度低，制度設計複雜

許多民眾不了解自己權益與年金計算方式，只知道「每月被扣很多錢」，但未清楚預期將來如何給付，自然感覺「不值得」。

原因四：世代間信任流失

年輕世代認為「上一代拿太多、改革太慢」，中老年世代則覺得「我繳一輩子，憑什麼砍我年金」──導致制度改革陷入代際對立。

真正的危機不是財政，而是人們對制度的信任開始崩塌。

社會保險制度未來會崩潰嗎？還是可以改革？

其實臺灣的社保制度還沒到崩潰，但已處在「若不改革就會失控」的邊緣。

以勞保為例：

- 根據勞動部報告，勞保基金最快可能於 2030 年前後破產；
- 若持續補貼，政府財政壓力恐影響其他社會資源配置；
- 若提高保費、延後請領年齡或降低給付，又將面臨政治與社會阻力。

那該怎麼辦？

- 費率動態調整：依經濟成長與壽命變化，每 5 年自動微幅調整；

第八章　政策與社會經濟：為何我們感覺更窮？

- 多元給付制度：基本保障與自選加保（如職涯型年金）結合，提升彈性；
- 強化資訊透明與個人帳戶查詢功能：讓參與者知道自己的「貢獻→回報」邏輯；
- 跨世代對話與政策教育：不是砍掉一方的利益，而是重新設計更公平的制度分配機制。

改革的目的不是讓誰少領，而是讓每個人「都能確定自己未來能領到」。制度信任，比制度金額更重要。

你現在該做什麼？制度之外的個人行動準備

即使政府仍在觀望，你不能不行動。以下是每個工作者都該採取的三項自保策略：

1. 建立「第二退休帳戶」思維

把國民年金當作「最低安全網」，但自己的退休生活要靠第二個帳戶（如 ETF 定投、退休保單、不動產現金流）來打造。

2. 定期盤點「自己的保障系統」

每年檢視：健保、勞保、壽險、意外、長照保險是否足夠？是否重複？是否隨生活階段調整？

保險不是買了就好，而是需與人生同步更新。

3. 參與社會議題與監督制度設計

不能只在咖啡店抱怨年金崩潰,而應參與改革對話。包括連署、政策討論、選票行動,這是你作為公民的制度參與責任。

社保不是「信不信任」,而是「願不願意一起撐」

社會保險制度的本質是一個集體共識工程。它不會因為某一代人不信而消失,也不可能只靠一代人來撐起。

這需要我們共同理解:

- 不是每個人都用得到,但當你需要時,它必須在;
- 不是你今天繳了就明天用,而是你今天撐了,別人也願意幫你撐;
- 不是你得到最多才叫值得,而是你知道你在其中扮演的角色,是讓社會變得比較可預測、比較能活得下去。

社會不是一筆「我的保險費換多少錢」的帳,而是一場「我們願不願意成為彼此的備案」的共識。

第八章　政策與社會經濟：為何我們感覺更窮？

第四節　房價背後的制度設計：政府真的無能為力？

"The cost of housing is not just about supply and demand – it's about policy."

「房價的高低不只是供需問題，更是政策選擇的結果。」

臺灣高房價不是天災，是人為政策的產物

「房價過高，是因為都市土地少、人口密度高、大家都想住臺北」，這是許多主流論述中最常聽見的說法。然而，這種說法其實只說對了一半。

真正讓臺灣房價飆漲的結構性問題，來自四大政策與制度錯配：

- ◆ 土地取得與釋出機制緩慢：公有地開發流程複雜、都更卡關，讓土地供給嚴重滯後；
- ◆ 不動產持有稅過低：房地產保有成本極低，使得資產持有者沒有拋售壓力，造成囤房現象；
- ◆ 交易稅制不對稱：雖有奢侈稅、房地合一稅，但漏洞與適用條件複雜，實務成效有限；

第四節　房價背後的制度設計：政府真的無能為力？

- 寬鬆貨幣與金融環境：利率長期偏低，貸款審核鬆散，讓大量資金湧入房市炒作。

這些設計讓「投資房地產」成為臺灣最穩定、最無風險、最可預期的資本增值路徑。反之，「買房自住」卻變成年輕世代沉重的債務負擔與人生限制。

房價不是漲出來的，是制度讓它能這樣漲，且沒有人阻止它降。

臺灣稅制鼓勵買房，不利於居住正義

在其他先進國家，政府會透過「課稅制度」調節房市溫度，例如：

- 香港與新加坡對第二間房課以重稅；
- 加拿大對空置住宅徵收空屋稅；
- 德國房產持有稅高，使多數人選擇長期租屋。

而臺灣呢？

- 地價稅、房屋稅比例偏低，且依據公告現值計算，長期未與市價連動；
- 自用與非自用稅率差距小，囤房族負擔輕微；

第八章　政策與社會經濟：為何我們感覺更窮？

- 房東未報稅長期未被查核，租金所得大量遺漏；
- 新成屋與預售屋交易稅制度複雜，實施效果有限，反成規避誘因。

結果是什麼？

- 持有房產成本極低，變相鼓勵投資；
- 出租與轉手幾乎沒有明確稅賦懲罰；
- 有錢人買房變成「資金保值＋貸款槓桿工具」，年輕人卻連頭期款都存不到。

這些不是自然現象，是制度設計出來的結果。

都市計畫與土地釋放的慢動作，讓供給永遠跟不上

很多人問：「那就多蓋房子不就好了嗎？」

問題是 —— 蓋給誰？蓋哪裡？誰來蓋？誰能買？

臺灣在都市更新、社會住宅、土地開發上的政策長期存在結構性問題：

- 都更案推動效率極低，一案十年稀鬆平常，居民協商難、程序繁瑣；
- 社宅數量遠不及需求，原訂 20 萬戶至今僅完成約 4 成，租金定價機制不透明；

- 大量土地被公部門閒置或以高價釋出,開發意願低,助長房價;
- 新市鎮或重劃區雖有大量建案,但交通配套不足、生活機能落差,導致「有房但無生活」現象。

土地不是沒有,問題是制度無法讓土地「有效率地、可負擔地」轉化為可用住宅。

土地不是稀缺,而是被制度凍結。

政府真的無能為力,還是「不願動根本」?

很多人批評政府「什麼都不做」,但事實是:政府其實一直在做事,但總是做不到位、或做錯位置。

過去十年內政府推過多項房市政策,包括:

- 房地合一稅;
- 奢侈稅;
- 青年首購貸款補貼;
- 房貸成數限制;
- 建商餘屋管制。

但這些政策多半落入三種陷阱:

第八章　政策與社會經濟：為何我們感覺更窮？

- 避重就輕：不敢動到既得利益者（建商、大資產族群、特定財團），只動一些象徵性改革。
- 短期作秀式干預：如限貸、打房季節性動作，缺乏長期、可預測性的政策框架；
- 補貼錯位：如首購族貸款補助，反而推升買氣，讓房價更高。

問題不是工具沒有，而是政治意志選擇了不使用、或使用得很保守。

若真要改變，至少應該：

- 拉高非自用住宅稅率與囤房成本；
- 大量建置社宅並設計長租穩定機制；
- 重啟空屋稅、限制預售轉手制度；
- 推動都市更新制度簡化與協商仲裁制度；
- 建立跨部門的「居住正義與都市治理委員會」。

政府不是不能做，而是「選擇」不去傷害會影響政權結構的那一群人。

房價不是數字，是一種階級選擇與人生劇本的分水嶺

高房價問題的核心不是錢，而是它讓你的人生選項變少、節奏被限制、壓力持續累積。

- 年輕人必須推遲婚姻、生育，因為還沒擁有穩定住所；
- 中產階級必須把大半人生押在房貸與頭期款上；
- 創業、轉職、進修、陪伴家庭的自由，被固定支出綁架。

這不只是經濟問題，而是階級再製的機制化系統：能買的人愈來愈有資產，買不起的人愈來愈無力，下一代繼承現狀的人則擁有更大的起跑優勢。

房價，不只是你買不買得起的問題，而是你能不能自己決定未來節奏的問題。

第八章　政策與社會經濟：為何我們感覺更窮？

第九章

全球經濟在你身邊

第九章　全球經濟在你身邊

第一節　匯率波動與你的 iPhone 價格

"Exchange rates affect everything – your phone, your food, your future."

「匯率影響一切 ── 你的手機、食物，甚至你的未來。」

你以為是通膨，其實是匯率造成的價格錯覺

當你走進電信門市，發現 iPhone 新一代漲了兩千元，你可能以為是品牌策略、供應鏈塞港，卻忽略了背後一個不起眼卻強力的變因 ── 新臺幣對美元的匯率波動。

以 iPhone 為例：

- 蘋果用美元訂價；
- 零組件、晶片大多由美國、日本、南韓供應，以外幣結算；
- 臺灣電信商進貨後換算為新臺幣，反映匯率後加上關稅與利潤。

若臺幣貶值（例如從 1 美元兌 30 元變成 33 元），意味著同樣一臺 650 美元的手機，成本立刻上升近 10%。即便蘋果未調整定價，對臺灣消費者來說，購買成本也明顯增加。

第一節　匯率波動與你的 iPhone 價格

這不只發生在 iPhone 身上，也包括：

- 你愛喝的進口咖啡豆；
- 你用的國外訂閱服務（Netflix、Spotify）；
- 你今年出國旅遊的花費與購物；
- 甚至你未來的學費、留學支出與國外投資。

匯率其實是一種「看不見的通膨」，你沒感覺，但它天天影響你的荷包。

匯率為什麼會波動？不是央行說了算

匯率不是政府喊出來的價格，而是全球資本市場對一國經濟的信心、利率、風險與政策方向的反映。

造成匯率波動的幾個關鍵因素包括：

- 利率差：美國升息，外資回流美元資產，導致新臺幣走貶；
- 國際貿易收支：出口多於進口，有利本幣升值；
- 資金流向與熱錢操作：短期資本進出影響匯率穩定性；
- 地緣政治與金融市場風險：如俄烏戰爭、臺海局勢，外資避險時常大幅拋售新興市場貨幣；
- 央行干預與政策意圖：臺灣央行會在特定波動下進場「穩定匯率」，但不是完全操控，而是調節與引導。

第九章　全球經濟在你身邊

你可以這樣理解：匯率是一個國家在全球資本市場中的「信譽價格」，而市場情緒、國際政治與金融流動，會在這個價格上寫下他們的信任或不安。

匯率變動如何直接影響你日常生活的成本？

這裡以臺灣的日常消費舉三個例子來說明：

1. 3C 與家電產品成本上升

大部分電子零件來自日本、美國與韓國，當新臺幣貶值，進口成本上升，廠商會選擇「少漲一點」或「減配規格」，最終都反映在消費者手上。

2. 能源與原物料波動

臺灣絕大多數的能源仰賴進口，油價、電價與天然氣成本幾乎都以美元結算。臺幣貶值將加劇能源輸入成本，造成物價全面推升。

3. 海外旅遊與學費負擔加重

若你準備送小孩出國，或明年想去歐洲旅行，一旦匯率改變 3%～5%，就是數萬元的差額。

匯率的每 0.1 元變動，看似細微，卻可能是你一個月生活成本的「無聲稅務」。

你該因應匯率做什麼？三項個人財務對策

你無法改變匯率，但可以調整自己的消費與投資節奏：

1. 定期購買外幣或國際資產，分散貨幣風險

不論是美元基金、全球股票型 ETF 或外幣儲蓄，都是對抗單一幣值貶值的分散策略。尤其未來要送孩子出國、計劃退休海外定居者，更應提早準備。

2. 國際購物要注意換匯時機與通路手續費

如需使用 PayPal、信用卡刷外幣、海外購物，應留意匯率換算當下成本與手續費差異。善用「多幣卡」與「現匯購買」也能降低費用。

3. 評估未來消費性支出與貨幣曝險

如購車、裝修、訂閱服務等長期消費，若牽涉進口成分或海外支付，應提早鎖定價格或安排現金流，不要在匯率最高點才決定行動。

匯率影響的是你對「世界的位置感」

匯率不是一堆銀行螢幕上的數字跳動，它其實是你這個人、這個國家在全球經濟坐標裡的位置標籤。

第九章　全球經濟在你身邊

- 一個幣值穩定、受信任的國家，意味著你可以用較低的成本參與全球；
- 一個幣值不穩、受質疑的經濟體，會讓你不自覺多付錢、少獲得；

我們無法阻止全球化、無法避開國際金融風暴，但我們可以做的是：

認清自己的財務系統其實每天都在跟「全球」連線，然後學會做一個知道自己在哪裡、願意主動布局的全球參與者。

第二節　全球化與工作外包：經濟全球化的成本與價值

"Globalization means that business can be done anywhere – but that also means your job can be done anywhere."

「全球化代表生意可以在任何地方做，但也代表你的工作可以在任何地方被取代。」

工作變得更「靈活」，但也更「脆弱」

當你打開 Uber 叫車、用 Airbnb 訂房，甚至透過 Freelancer 或 Fiverr 外包設計與翻譯，你參與的，不只是共享經濟，而是全球勞動市場的再分配。

這個再分配的邏輯是這樣的：

- 企業為了降低成本、提升效率，把可以標準化的工作「外包」或「離岸」給成本更低地區；
- 消費者透過數位平臺接觸全球勞動力，取得價格與效率更佳的服務；
- 員工與自由工作者則必須與全球同行競爭，不再只跟隔壁辦公室比表現。

第九章　全球經濟在你身邊

這使得我們的職場與市場出現兩個矛盾的現象：

- 工作的機會變多了，但穩定度下降；
- 接案與彈性成為常態，但保障與福利難以延續。

你不再只是公司的員工，而可能是企業的「專案供應商」；你不再有明確上下班時間，而是活在全球需求的時區流裡。

全球化讓我們更自由，也更飄搖。

為什麼企業熱衷外包？
因為它是利潤最大化的快速通道

站在企業角度，工作外包的優勢不言可喻：

- 節省成本：把客服轉移到菲律賓、開發團隊設在越南，人工與租金成本可大幅下降。
- 靈活運用人力：按需付費、案子完結即終止合約，避免長期僱用成本。
- 專業任務外包：如設計、財會、資訊維運等，交由更專精團隊處理，提升效率。
- 全球 24 小時運作：跨時區外包讓企業得以全年無休運行，不受地點限制。

但這樣的優勢背後，是一場勞工市場的重組與壓縮：

- 原本的全職工作變成計件或專案制；
- 原本的加薪空間被外部競價機制壓縮；
- 原本的工作保障被「供應鏈邏輯」取代：你只是其中一環，可以替換。

這是一種「生產與勞務的解構再組裝」，也是企業用市場規則重新定義勞動關係。

全球化如何壓縮了本地勞工的議價力？

在全球化之前，一個人若努力、忠誠、提升技能，大多可期待一份穩定的職涯與薪資成長。但在今日：

- 你是客服專員，老闆發現「AI 或外包印度」更便宜；
- 你是設計師，你的客戶在平臺上找到用一半價錢交件的東歐接案者；
- 你是行銷人員，你的工作內容被切割成數位廣告、資料分析、內容寫作，由三個不同國家的外包團隊完成。

當你的工作可以被切分、標準化、外包，它就會成為「誰出價低、誰拿走」的競標品。

這並不表示你就會失業，而是：

第九章　全球經濟在你身邊

- 你可能必須接更多案子來維持原本收入；
- 你必須終身學習，不然隨時可能被技術或外部替代；
- 你需要建立個人品牌與網絡，不然很快被平臺演算法淹沒。

你的價值不再由資歷或頭銜決定，而是能否被需要、被搜尋、被信任。

但工作外包也讓某些人躍上全球舞臺

話說回來，全球化也不是只有剝奪，它也讓許多人「不靠背景、不靠關係」就能打開國際市場大門：

- 臺灣的自由工作者可接歐美企業的遠距專案；
- YouTuber 可面向全球觀眾賺廣告收入；
- 開設數位課程、販售模板與電子書者可跨國販售知識；
- 科技專業人才可透過 Upwork、Toptal 獲得高端合約機會。

這些新的機會共同點是：你不需要誰幫你開門，但你必須夠強，讓全世界看到你。

全球化讓職業階級不再由公司決定，而由你能否接軌國際市場決定。

這也是為什麼:

- 一個有實力的自由譯者月收 10 萬不是夢;
- 一個有數位產品的創作者可以年收百萬;
- 一個資料分析師不需在大企業,靠專案就能獲利穩定。

但這前提是:你必須理解市場邏輯與語言,並能持續輸出可見的價值。

全球化不是敵人,而是一面鏡子:
你準備好被看見了嗎?

你不能阻止工作被全球化,你也不能把職場「鎖國」。你能做的,是升級自己能與全球市場對話的能力。

這裡有三個具體行動方向:

- 提升不可取代性(Irreplaceability):培養深度專業+跨領域整合能力,讓你不是「便宜替代品」,而是「價值合作夥伴」。
- 累積可見性(Visibility):透過部落格、作品集、線上履歷、社群建立信任與辨識度。
- 打造跨文化協作能力:語言、時間管理、遠端溝通與文化敏感度,都是你接軌全球的行動成本。

第九章　全球經濟在你身邊

你不是要跟世界競爭,而是要準備好參與世界給你的舞臺。

第三節 中美貿易戰與你家餐桌的成本

"There is no such thing as a free trade war."
「世上沒有免費的貿易戰,每個人都得買單。」

關稅升級:從政策對抗到生活成本的轉嫁

2025 年 4 月,美國總統川普宣布對中國進口商品加徵高達 145％的關稅,作為對中國「不公平貿易行為」的回應。中國隨即反制,將對美國商品的關稅從 84％提高至 125％,並表示這將是最後一次反擊,意在表達對美國政策的不滿與抗議。

這場關稅戰的升級,對全球供應鏈造成嚴重衝擊。美國企業面臨進口成本上升,消費者則可能承擔更高的商品價格。中國則限制某些美國農產品進口,並加強對稀土等關鍵原材料的出口管制,進一步加劇全球市場的不確定性。

臺灣家庭的實際影響:從超市到餐桌的變化

雖然臺灣並非這場貿易戰的直接參與者,但作為高度依賴出口的經濟體,臺灣的家庭也感受到其間接影響。以下是

幾個具體例子：

- 食品價格上漲：美中關稅戰導致全球農產品價格波動，進口的黃豆、玉米等飼料價格上升，進而推升肉類、乳製品等食品價格。
- 生活用品成本增加：許多日常用品如電子產品、家電等，其零組件來自中國或美國，關稅提高使得這些商品的成本上升，消費者需支付更高的價格。
- 旅遊與留學費用增加：匯率波動導致新臺幣貶值，出國旅遊或子女留學的費用相對增加，家庭財務壓力加重。

企業策略調整：供應鏈重組與成本轉嫁

面對關稅壓力，臺灣企業採取多種策略以降低影響：

- 供應鏈多元化：企業尋求將生產基地從中國轉移至其他國家，如越南、印度等，以避開高關稅。
- 成本轉嫁：部分企業將增加的成本轉嫁給消費者，導致商品價格上漲。
- 產品升級：企業加強研發，提高產品附加價值，以維持競爭力，減少對單一市場的依賴。

然而，這些策略的實施需要時間與資源，短期內難以完全抵消關稅帶來的負面影響。

政府與消費者的應對之道

面對貿易戰帶來的挑戰，政府與消費者可採取以下措施：

◆ 政府政策支持：提供企業轉型升級的資金與技術支援，協助開拓多元市場，降低對特定市場的依賴。
◆ 消費者理性消費：消費者可選擇 CP 值高的商品，支持本地產品，減少對進口商品的依賴，以降低生活成本。
◆ 財務規畫調整：家庭應重新評估財務規畫，考慮匯率變動對旅遊、留學等支出的影響，適時調整預算。

全球經濟變局下的生活智慧

中美貿易戰的升級，不僅是兩國之間的經濟對抗，更深刻地影響到全球供應鏈與各國家庭的日常生活。臺灣作為全球供應鏈的重要一環，無可避免地受到波及。

在這樣的全球經濟變局下，政府、企業與消費者需共同努力，提升自身的應變能力與競爭力。唯有如此，才能在不確定的國際環境中，維持經濟穩定與生活品質。

第四節　投資國外到底安不安全？從風險到機會

"In investing, what is comfortable is rarely profitable."
「在投資裡，讓你感覺舒適的選擇，往往賺不到錢。」

國際市場不再只是「有錢人玩的地方」

過去提到「海外投資」，很多人直覺聯想到大戶、高資產族群，甚至認為那是企業家的遊戲場。但進入 2020 年代後，這一切都改變了。

如今，一個月收入三萬元的年輕人，也可能：

◆ 定期扣款買進美國 S&P 500 ETF；
◆ 透過平臺持有日圓債券基金；
◆ 閱讀聯準會決策調整投資策略；
◆ 關心南美新興市場貨幣波動。

這是因為：

◆ 全球 ETF 與境外基金平臺普及化；
◆ 數位券商讓投資門檻大幅降低；
◆ 金融科技工具讓「外幣投資」變得像滑手機一樣簡單。

第四節 投資國外到底安不安全？從風險到機會

國際資產早已不是專家的領域，而是每一個人都應該理解的「個人財務地圖」。

你以為買 ETF 很穩，但你真的知道買到哪裡了嗎？

許多臺灣投資人都習慣買「全球型 ETF」、「美國大型科技股」、「日股動能型」等標的，但你有想過這些選擇背後，實際風險來自哪裡嗎？

以下是幾項常見的錯誤認知與風險盲點：

1. 市場風險 ≠ 匯率風險

你可能賺了股價漲幅，但匯損吃掉所有報酬（2023 年新臺幣大幅貶值，2024 年後回升，正是例證）；

2. 指數 ETF ≠ 分散風險保證

S&P 500 雖然市值龐大，但實際上約 7 成市值集中在科技、金融與醫療，不是你想像的全產業配置。

3. 政治風險看不見，但殺傷力驚人

舉例：2022 年俄羅斯被制裁後，多檔包含俄股 ETF 全面下市；2024 年阿根廷實施資本管制，造成臺灣投資人無法自由贖回新興市場債。

第九章　全球經濟在你身邊

全球投資，不是看報酬曲線，而是要看制度、地緣、貨幣與穩定性。

哪些風險你必須主動理解與管理？

國外投資最常被低估的風險，不在於市場波動，而在於「資訊落差」與「政策干預」。這裡列出你在投資國外時，應建立的四項風險意識：

1. 匯率風險（Currency Risk）

若你持有美元或其他外幣資產，新臺幣走強將削弱你的報酬。

→ 可用多幣策略或避險型 ETF 因應。

2. 法律與政治風險（Regulatory Risk）

某些國家可能臨時實施資本管制、外資交易稅、禁止特定投資回流。

→ 投資新興市場時務必查明「稅務條約」與「匯兌限制」。

3. 市場流動性風險（Liquidity Risk）

部分 ETF 或基金交易量低，買得到不代表賣得掉，特別是債券、REITs 或單一國家指數基金。

4. 科技與數位平臺風險（Platform Risk）

使用境外平臺（如美國券商）時，需留意是否受臺灣法律保障、帳戶是否有 SIPC 保險、美國 IRS 稅務申報義務等。

那為什麼我們還是應該投資國外？

雖然風險不小，但分散投資絕對是當代資產配置的必要選項。因為：

- 臺灣市場太小，產業集中於電子與半導體，無法提供全產業配置；
- 單一貨幣持有風險大，尤其遇到央行升息或通膨政策變化時；
- 長期退休與教育目標無法完全依賴臺股波動補足資本增值需求。

以下是幾個健康的國際配置建議：

- 3～5 成配置於全球大型 ETF（如 VT、VEA、VWO）以分散風險；
- 保留 2 成以上資產為外幣（USD、JPY、EUR）型儲蓄或短債基金；
- 每年一次檢視「本地 vs. 海外」報酬、稅負與風險調整比（Sharpe Ratio）。

| 第九章　全球經濟在你身邊

你不是為了追求「海外賺比較多」而投資，而是為了保護未來「不要全部賠光」而分散。

投資國外的關鍵，不是追報酬，是建立全球視角

2025 年後的世界，地緣經濟、貨幣政策與市場結構都正在重組。你若還用臺灣市場的邏輯來看全球，就像用小籠包的蒸氣壓力計，去評估火箭推進的引擎效能，永遠會出錯。

投資國外，不只是買一張股票或 ETF，而是：

◆ 學會讀懂聯準會的政策訊號與影響；
◆ 理解國際事件如何重塑供應鏈與產業價值；
◆ 根據貨幣波動安排你的財務節奏與消費決策；
◆ 建立自己的「跨市場風險感知系統」。

世界不是風險變多了，而是你不能再假裝只活在臺灣而已。

第十章
經濟危機是怎麼煉成的

第十章　經濟危機是怎麼煉成的

第一節　泡沫是怎麼吹起來的？以 2008 為例

"The four most dangerous words in investing are: This time it's different."

「投資世界中最危險的四個字是：這次不一樣。」

泡沫不是陰謀，而是群體情緒與制度共犯的產物

「泡沫經濟」常被描述成一場騙局或崩潰前夕的災難，但它其實是一個人性與制度交織下的集體幻覺循環。

以 2008 年金融海嘯為例，它不是一天爆發的，而是經過了將近 10 年的「集體催眠」與「風險麻痺」：

- 資金氾濫（2001 年科技泡沫後美國降息→資金尋求去處）；
- 利率超低（聯準會將利率維持在 1% 以下長達數年，刺激借貸與投資）；
- 房市熱潮（大量資金流入房地產、投資人搶買、價格節節上漲）；
- 金融創新（金融機構發明複雜衍生品，如 CDO，將房貸風險包裝再出售）；
- 監理失靈（政府與評等機構未有效控管系統性風險）。

這些條件組合成一個「不會有人說不」的瘋狂循環。每個人都相信：

「再貴的房子也會有人接手，反正房價永遠漲。」

直到房貸違約率急升、CDO 爆雷、信任崩潰、銀行倒閉，才讓世界發現 ── 我們都在一個充氣過頭的氣球上，卻沒有誰真的知道它什麼時候會爆。

為什麼是房地產？
因為它滿足了「安全幻想」與「槓桿幻想」

2008 年危機之所以以房地產為核心，不是偶然，而是因為房地產具備兩種泡沫滋養元素：

1. 安全幻想 (The Safety Illusion)

房子有實體，看得見、摸得著，被視為最安全的資產。

→「不怕股市跌，房子不會跑掉。」

2. 槓桿幻想 (The Leverage Illusion)

可以用極低自備款購買高價資產，創造「低成本→高報酬」的暴利幻覺。

→「我只付 10% 頭期，就能賺整間房的漲幅。」

再加上：

第十章　經濟危機是怎麼煉成的

- 貸款門檻降低（美國次級房貸機制讓信用低的人也能買房）；
- 買氣推升房價，進而吸引更多投資者；
- 媒體與金融機構鼓吹「買房就是致富」。

這些心理與金融機制交錯，造就了 2000 年代中後期的房市超級繁榮期 —— 也是泡沫的最高潮。

泡沫如何擴散？從資產膨脹到信任崩潰

泡沫的擴散從來不是靜態的，它像病毒一樣，從資產本身蔓延至整個金融系統的信任結構。

2008 年 CDO（擔保債務憑證）成為系統性風險的中心：

- 銀行將次級房貸打包為「投資商品」，賣給其他銀行與投資機構；
- 評等機構將這些產品評為「高等級」，全球資金踴躍買進；
- 一旦原始房貸違約率上升，這些商品瞬間貶值，信任瓦解；
- 金融機構開始拒絕拆借與承保，流動性瞬間枯竭。

整體信貸市場猶如「停止供氧的經濟系統」，美國最大保險公司 AIG、華爾街投資銀行雷曼兄弟相繼倒閉，引爆連鎖恐慌。

第一節　泡沫是怎麼吹起來的？以 2008 為例

全球股市崩跌、出口衰退、消費崩潰，形成一場從「虛擬資本市場」蔓延至「實體經濟」的全面衰退。

你覺得離得很遠，但其實你當時就參與其中

在臺灣，許多人以為這只是美國的事情，但其實 2008 年那波金融海嘯對本地經濟影響深遠：

- 臺股於 2008 年下跌超過 45%，大批投資人資產縮水；
- 許多出口導向企業訂單驟減，工廠停工，員工放無薪假；
- 房市也於 2008～2009 年一度凍結，成交量跌至低點；
- 投資型保單、大宗商品基金等在臺廣受青睞，連動損失慘重。

而你家若曾購買美國相關基金、持有臺股 ETF、領有業績獎金或股票配息，都在那一波泡沫破裂中默默受到波及。

危機不會預告，也不會選擇性影響誰。當信任斷裂，它會從金融市場滲入每一個人的現實生活。

泡沫不是經濟病，是經濟體自我調整的極端方式

從經濟學角度看，泡沫本身並不是「錯誤的存在」，它反映的是市場在資訊不對稱、情緒過熱與制度扭曲下的自我放大現象。

第十章　經濟危機是怎麼煉成的

而泡沫破裂，則是市場對這種不對稱的自我修正行為，雖然殘酷，但也必要。

我們真正該學的，不是怎麼預測下一次泡沫，而是：

- 怎麼辨識市場過熱的信號（價格超漲、過度槓桿、媒體一致唱好）；
- 怎麼避免自己成為最後接棒的人；
- 怎麼建立一個不會因泡沫破裂就摧毀生活的財務體質。

泡沫從來不是意外，而是經濟系統與人性合力所創造的「真相延遲期」——它不會永遠持續，但它總是會重來。

第二節
為什麼金融會感染實體經濟?

"Finance is the circulatory system of the economy. If it clogs, everything stops."

「金融是經濟的血液循環系統。一旦阻塞,整體就會癱瘓。」

金融市場不是賭場,是經濟的心臟與血液

在許多人的理解裡,金融只是「投資人玩錢的地方」、「股票市場的起起落落」,但這種印象其實低估了金融體系的真實角色。

事實上,金融是經濟的血液循環系統,它的主要功能包括:

◆ 資金分配:將資金從有盈餘的一方(存款者、投資人)配置給有需要的一方(企業、政府、個人);
◆ 風險管理:透過保險、衍生商品與分散投資降低不確定性;
◆ 價值評估與激勵機制:股價、債券價格、資本成本會影響企業與消費者的行為判斷;

◆ 信任建構：穩定的金融機構與制度，維繫整體經濟活動的基礎信心。

所以當金融體系出現動盪 —— 不論是資金斷鏈、信用崩盤、銀行倒閉或市場暴跌，其實受影響的不只是「投資人」，而是整個社會。

金融不是少數人的財富遊戲，而是所有人生活節奏的預設底盤。

2008 與 2020：
兩場不同來源、同樣擴散的金融傳染鏈

我們來看兩個近代經典案例，說明金融如何感染實體經濟：

【2008 金融海嘯】

◆ 導火線：美國房貸風險商品化，違約潮引爆金融危機；
◆ 金融傳染鏈：房貸違約→ CDO 貶值→金融機構倒閉→資金鏈斷裂→股市崩盤→信用緊縮；
◆ 實體經濟影響：企業貸不到錢、消費信心崩潰、需求萎縮→大規模裁員、倒閉潮、全球經濟衰退。

第二節　為什麼金融會感染實體經濟？

【2020 新冠疫情金融衝擊】

◆ 導火線：疫情造成實體活動停擺，企業營收斷崖式下滑；
◆ 金融反應：市場恐慌性拋售→股市短期崩盤→資金轉移至避險資產→信用市場冰凍；
◆ 實體傳導：企業資金鏈斷裂、資金周轉困難→員工減薪、裁員、消費保守→全球供應鏈重組與經濟重啟放緩。

這兩場危機一個從金融擴散至實體，一個從實體打擊金融再回饋回實體，但共同點都是：

資金流動的阻斷，會讓經濟這部機器瞬間「缺油熄火」。

傳染的途徑：資金鏈、信用鏈、心理鏈三重感染

金融感染實體經濟的過程，主要透過三種管道進行：

1. 資金鏈中斷

◆ 銀行因資產損失而減少放款，企業貸不到資金，無法支付營運支出；
◆ 中小企業尤為敏感，現金流一停，就會倒閉；
◆ 消費者貸不到房貸、信貸，房市、汽車市場即時凍結。

2. 信用鏈崩解

- 投資人對企業、政府、金融機構失去信心；
- 信用評等下降，債券難以發行，甚至造成「財務性惡性倒閉」；
- 供應商對買家要求預付款，增加企業現金壓力，連鎖斷裂。

3. 心理鏈瓦解

- 消費者對未來感到不安，減少支出、延後消費；
- 投資人撤資、觀望，金融市場冷卻；
- 企業縮減擴張計畫、凍結人事與設備投資，形成「預期型蕭條」。

金融危機從來不是錢不見了，而是「信任沒了」，導致一切行動都卡住。

誰最容易受傷？中小企業、勞工與年輕人

當金融動盪發生，不會每個人都同樣受影響。真正受傷最重的群體往往是：

- 資本不足的中小企業：無法快速取得資金轉圜，現金流中斷即倒；
- 底層勞工與非典型就業者：最先被裁員、薪水減少，最慢被重新僱用；
- 剛進職場的年輕人：工作機會緊縮、起薪降低、職涯斷裂；
- 高槓桿投資者或家庭：遇到房價下跌或股市崩盤，資產迅速負轉正，甚至破產。

而擁有多元收入、低槓桿、強流動性資產與資訊優勢者，往往能第一時間抽身，甚至在低點布局、收購資產。

危機不是絕對打擊，而是資源與風險配置是否健康的極端測試。

那我們能怎麼做？建立抵抗金融感染的經濟免疫力

你無法阻止全球金融動盪，但你可以為自己打造一套「個人經濟防火牆」：

準備流動資金

至少 3～6 個月生活開銷，避免被金融緊縮時波及失去支付能力。

分散資產配置

不要單押臺股或單一產業,建立海外、債券、現金、黃金的混合組合。

評估信用暴露風險

定期檢視你的負債比率、信用卡使用率、房貸利率彈性。

關注金融政策脈動

學會讀懂聯準會、央行、IMF 等機構的訊號,預判風險來臨節奏。

心理預期管理與家庭溝通

與伴侶、家人建立共同的財務危機應對計畫,不臨時抱佛腳。

真正安全的,不是市場穩定,而是你知道風暴來時,你有傘,有屋,有餘裕。

第三節　危機之後：政府救市與後果

"The role of government is to smooth the cycle, not to cancel it."

「政府的角色是減緩經濟循環的劇烈波動，而非消除它本身。」

危機來臨時，政府必須出手：
穩定信心比穩定價格更急迫

當 2008 年雷曼兄弟倒閉、信貸市場凍結、股市蒸發數兆美元的市值後，市場瀕臨恐慌邊緣。美國政府與全球各主要經濟體迅速展開史無前例的救市行動，目的只有一個：防止經濟系統全面癱瘓。

這些措施包括：

- 拯救大型金融機構與汽車企業，例如美國政府出資挽救通用汽車與 AIG 保險；
- 啟動量化寬鬆政策，即由中央銀行大規模購買公債與資產，釋放流動性；

第十章　經濟危機是怎麼煉成的

- 實施大規模財政刺激方案，如美國的「經濟復甦與再投資法案」，總規模達八千億美元以上；
- 協助失業民眾與房貸違約者，推出補貼與延期措施。

在 2020 年疫情引爆經濟危機時，政府行動更為果斷迅速。各國祭出更大規模的紓困與補助，例如美國兩次直接發放現金給全國民眾，臺灣也推出振興券與紓困貸款。

這些救市手段無疑在短期內成功達成任務。信心被穩定，企業倒閉潮減緩，民眾消費有了喘息空間，股市迅速反彈，經濟得以止血。

當貨幣變便宜，資產價格就會變得很貴

為了對抗危機，中央銀行將利率降至接近零甚至實施負利率，並透過量化寬鬆不斷買進公債與房貸擔保證券，使得資金成本極低。

這造就了歷史上最寬鬆的貨幣環境，也產生一連串資產價格的副作用：

- 股市自 2009 年起一路上揚，美國標準普爾 500 指數十年間上漲超過三倍；
- 房地產價格大幅反彈並創歷史新高，尤其在低利貸款刺激下，購屋需求持續膨脹；

- 商品市場與加密貨幣在寬鬆資金驅動下出現極端波動與投機行為。

資產膨脹對擁有資產者是財富翻倍的捷徑,對無資產者則是買不起房、投資門檻提高、貧富差距進一步擴大的來源。

也就是說,政府雖救了市場,卻讓一群人因此變得更富,另一群人被更深地排除在資本邊緣之外。

財政刺激的兩面刃:短期振興與長期債務壓力

財政刺激是政府面對經濟危機最直接的工具,透過擴大公共支出、減稅、現金補貼來快速創造需求。

在疫情期間,美國、日本、歐洲各國推出的財政措施規模皆超過 GDP 的 10%以上,臺灣雖然規模相對保守,但也累計投入數千億新臺幣。

然而,大量財政刺激背後的代價也不容忽視:

- 政府債務比率大幅上升,未來可能排擠基礎建設、教育、長照等必要支出;
- 民眾對補助形成依賴,造成短期過熱與資源錯置;
- 企業可能因補貼延續經營,反而延緩必要的產業調整與結構改革;

第十章　經濟危機是怎麼煉成的

◆ 政治上為維持救市的「受歡迎效果」，政府更難退出寬鬆政策，形成政策依賴與僵化。

財政刺激不是不能做，而是不能沒有規畫地做。若沒有配套的稅收與支出結構改革，那麼當未來真正需要公共財政資源時，反而發現彈性早已用完。

救了大企業，那小人物呢？
制度信任的裂痕悄然擴大

2008年後，美國最受爭議的救市措施之一，就是將數千億美元注入華爾街金融機構，但對中小企業與勞工的直接援助卻遲緩或不足。

這導致「華爾街獲救、主街被遺忘」的民怨升高。進入2020年代，這種制度信任的危機變得更加明顯：

◆ 普通人無法理解為何股市創新高時，他們卻領不到加薪或找到穩定工作；
◆ 年輕世代對退休制度失去信心，對不動產市場感到絕望；
◆ 民粹主義與反全球化浪潮興起，從英國脫歐到川普當選，都與「經濟不均分配感」密切相關。

這提醒我們：政府救市不能只救「數據」與「機構」，還要救「人」與「信任」。否則再強的經濟成長數字，也掩蓋不了社會信任的流失與階級矛盾的擴大。

救市容易，退出難；
代價會在未來浮現

政府在經濟危機中的角色確實重要，若不出手，可能引發更深層的崩潰與恐慌。然而，我們也不能過度依賴每一次都「靠印鈔票、撒錢、降息」來解決問題。

因為這些做法有其極限，亦將影響未來世代的財政負擔、制度彈性與資源分配正義。

我們應該開始問：

- 下次危機來時，政府還有多少空間可用？
- 我們如何評估救市政策的「中長期成本」而非只看短期回彈？
- 如何建立能自我恢復與轉型的經濟機制，而非每次都仰賴國家出面收拾？

救市本身不是錯，錯的是「以為救完就沒事」，以及「不敢承認救市的代價不會馬上浮現，而是十年後的你要面對」。

第十章　經濟危機是怎麼煉成的

第四節
如何為下一次危機做好準備？

"You cannot predict the storm, but you can prepare your boat."

「你無法預測風暴何時來臨，但你可以準備好你的船。」

危機不會告訴你何時來，但一定會來

過去三十年，全球經歷過：

- 1997 年亞洲金融風暴；
- 2000 年網路泡沫崩盤；
- 2008 年次貸危機與全球金融海嘯；
- 2020 年新冠疫情與供應鏈中斷；
- 2022 年以後的能源通膨與地緣風險升溫；
- 2024 年開始的中美新關稅衝突與選舉不確定性。

每一次危機來臨時，媒體與市場總是震驚與恐慌，彷彿從天而降。但事後檢視，這些風暴從未突然發生。它們都是一連串被忽略的風險、被積壓的問題與被合理化的貪婪累積出來的。

第四節　如何為下一次危機做好準備？

危機本身不可控，但我們是否有「準備習慣」與「認知彈性」，完全掌握在自己手中。

從「穩定錯覺」走向「韌性思維」

危機準備的第一步，不是擁有資產或讀懂財報，而是拋棄「穩定是常態」的錯誤預期。

穩定，是政策努力出來的結果，不是自然狀態。當我們過度依賴穩定環境，就容易忽視以下風險指標：

- 負債比高卻不自知；
- 收入單無備案；
- 消費與投資決策全仰賴當下情緒；
- 無保險、無緊急預備金、無風險管理概念。

所謂「韌性」，就是在無法掌控的世界中，建立可持續、不脆弱、可調整的生活與資源結構。

韌性不是不跌倒，而是知道跌倒時不會摔碎。

第十章　經濟危機是怎麼煉成的

建立你的「個人危機準備系統」：
從金錢到心理的自我防禦

以下是一套建議的五層個人準備架構：

1. 緊急預備金

至少三至六個月的生活支出現金儲備，分散存放於可即時提領帳戶。

2. 收入多元化計畫

一份正職以外，規劃接案、副業、投資收入等「備胎型現金流」。

3. 資產配置分散

股債平衡、海內外布局，避免資產全綁單一市場或產業。

4. 保險系統

定期壽險、重大傷病、醫療實支實付，根據人生階段適時調整。

5. 情緒與認知韌性訓練

定期練習資訊減壓、觀察市場而不被市場情緒操控；學會獨立判斷，不人云亦云。

這五個層面互為支撐，缺一不可。它們構成一套「當風暴來時，你不會立刻沉船」的保命網。

從個人走向社會：
韌性社會不是政府給的，而是我們一起構築的

個人準備雖重要，但若制度與社會缺乏共同韌性，危機一來，整體仍然難以支撐。建立一個能承受衝擊的社會，我們必須思考：

◆ 如何要求政府強化財政紀律與資訊透明；
◆ 如何推動勞動市場的彈性保障，如平臺工作者納保、失業支援機制優化；
◆ 如何讓教育體系真正強化金融素養與風險意識，而非只會背定義；
◆ 如何透過社群與互助網絡，在系統崩潰時不至於人人孤立無援。

危機準備不是只有專家能做，而是所有人都該學的「生活技能」。

一個強健的社會，不是每個人都有超能力，而是有人跌倒時不會被社會拋棄。

第十章　經濟危機是怎麼煉成的

真正的準備，是讓你在混亂中保有選擇權

危機真正摧毀人的，不只是金錢損失，而是失去選擇權。

- 你沒錢，所以不能辭掉傷害健康的工作；
- 你沒備案，所以不敢拒絕不合理的任務；
- 你沒心理準備，所以當市場一跌就恐慌、崩潰、怨天尤人。

但若你有備案、有韌性、有可轉換資源，那麼即使世界改變，你仍然擁有重新布局、慢慢復原的能力。

危機之中，最珍貴的不是存款，而是你保有行動選擇與內在信念的能力。

第十一章
行為經濟學的日常提醒

第十一章　行為經濟學的日常提醒

第一節　你並不理性：損失規避與心理錨點

"We are not thinking machines.　We are feeling machines that think."

「我們不是會思考的機器,我們是有感覺的機器,偶爾才會思考。」

經濟學假設你會理性,但現實證明你常常不是

古典經濟學建立在「理性人」假設上,也就是說,人們面對選擇時,會計算成本效益、最大化效用,並根據清楚目標行動。但行為經濟學告訴我們,人類在大多數情境下並非理性,而是受到感受、情境與預期的影響。

想像你走進一家商店,看到標示:

- A 架:原價 300 元,特價 250 元;
- B 架:原價 250 元。

雖然兩者價格相同,但你很可能傾向選擇 A 架,因為你「感覺」自己撿到了便宜。這就是「錨點效應」與「損失規避」共同作用的結果。

第一節　你並不理性：損失規避與心理錨點

理性決策要求計算，但多數日常決策其實是感受導向。這也解釋了為什麼我們會：

- 為了避免小損失而錯過大機會；
- 被起始數字或比較對象影響而做出錯誤選擇；
- 對損失特別敏感，卻對利得反應平淡。

理性從來不是我們的預設模式，而是需要學習與訓練的狀態。

損失規避：為什麼我們寧願不賺錢，也不要賠錢？

損失規避（Loss Aversion）是行為經濟學中最著名的發現之一。康納曼與特沃斯基指出，人們對「損失」的痛苦程度，遠大於「獲得」的快樂感。

具體來說，損失一百元的痛苦，心理感受約等於獲得兩百元的快樂。這讓我們傾向於避免任何可能導致損失的選項，即使那是最有利的選擇。

日常生活中的表現包括：

- 投資時不願認賠，導致套牢；
- 購物時為了不「浪費折扣」而多買不需要的商品；

第十一章　行為經濟學的日常提醒

- 面對價格調漲比優惠取消反應更激烈；
- 難以辭掉薪水不高但穩定的工作，即使明知外面機會更好。

損失規避不只影響個人，也影響政策。例如政府在推動稅改或福利制度變動時，常遭遇群體反彈，因為人們對「失去既得利益」特別敏感，即便整體制度更公平合理。

理性告訴我們看長期，但人性讓我們卡在「我不要輸」的焦慮中動彈不得。

定錨效應：
你以為是比價，其實只是第一個數字在操控你

定錨效應（Anchoring Effect）是指人們在做判斷時，會過度依賴第一個接觸到的資訊，無論它是否相關。

一個經典實驗是：請一組人轉動輪盤，輪盤停在 10 後，問他們「聯合國中非洲國家的比例是多少」；再讓另一組人輪盤停在 65 後，問同樣問題。結果第一組平均猜 20%，第二組平均猜 45%。輪盤數字與非洲國家無關，但卻強烈影響人們的估值。

這種現象無所不在：

- 銷售時標上「原價 4,980 元」再特價 2,999 元；
- 朋友說「這一餐頂多 500」，你就難以接受要付 600 元；

第一節　你並不理性：損失規避與心理錨點

- 二手網站上某商品原價浮誇標示，讓你接受其實高於市場的實際售價；
- 公司在談薪時先拋出數字，占據談判主導權。

心理錨點的本質，是大腦試圖節省運算成本，用已知資訊近似推估結果。但這樣的近似，常常不準，甚至造成長期偏差。

人的判斷不是根據現實，而是根據「第一個被提醒的現實」。

如何減少損失規避與錨點錯覺對你的影響？

雖然這些偏誤來自本能，但透過覺察與設計，我們可以降低其對決策的干擾。

以下是三個實用策略：

在重大決策前刻意重設起點

不要用前一個報價、原價、他人建議作為比較基礎，而是回到核心問題：「這個東西對我當下的價值是什麼？」

練習用期望值而非情緒做決策

將選項拆解為損益比與可能性，思考「最壞情況我能承擔嗎」，而不是「我不想輸」。

第十一章　行為經濟學的日常提醒

反向思考練習：換角度檢視問題

例如不是問「我會不會後悔買下去」，而是問「未來三個月我會後悔沒做這個選擇嗎？」

這些練習會讓你決策的焦點從「避免損失」轉向「追求合理成果」，從而減少過度保守或盲目冒險的兩極化行為。

不是讓你變理性，而是幫你少犯錯

行為經濟學最大的貢獻，不是告訴我們該怎麼做，而是讓我們知道：原來我們一直在不自覺地錯誤操作人生。

但這些錯誤不是道德問題，也不是智力不足，而是人腦的設計邏輯在面對現代經濟環境時的自然偏誤。

懂得這些偏誤，你不一定能永遠做出最好的選擇，但你至少能不那麼容易落入「以為自己做得對，但其實只是在重複錯誤」的陷阱裡。

有時候，成熟的經濟行為，不是你能多賺幾分利，而是你能避免一次重大損失。這，才是我們該從行為經濟學裡學會的事。

第二節　太多選擇反而不幸福

"Too many choices can overwhelm us and lead to not choosing at all."

「過多的選擇會讓我們不知所措，最終可能什麼也選不了。」

選擇本是自由的象徵，卻也可能成為焦慮的根源

我們習慣將「選擇自由」視為幸福社會的標誌。超市裡有五十種果醬、電影院同時上映十部電影、網路商城提供數千種電腦包——這些都讓我們覺得「自己有掌控權」。

然而行為經濟學家貝瑞·史瓦茲（Barry Schwartz）卻指出，選項愈多，人的快樂與滿意度卻不一定上升，反而可能下降。

這就是所謂的「選擇悖論」。當人面對有限選項時，能更果斷、對決策結果接受度更高；但當選項過多，我們會：

- 猶豫更久，無法下決定；
- 害怕選錯，增加壓力；
- 即便做出選擇，也更容易懷疑自己；
- 決策時間成本上升，造成心理疲勞。

第十一章　行為經濟學的日常提醒

選擇本該讓我們自由，但當它過量時，反而成了心理負債。

選擇的隱性成本：認知負擔與預期壓力

每多一個選項，看似是「可能更適合自己」，但實際上增加的，是「對錯誤決策的想像空間」。

心理學研究發現，當人面對超過六到八個選項時，大腦會開始進入「資訊超載模式」，導致以下現象：

◆ 決策延遲：思考時間拉長，難以聚焦；
◆ 預期落差升高：選前預期過高，選後反而容易失望；
◆ 後悔機率升高：選完後更容易與「沒選的」做比較，產生失落感；
◆ 自責傾向加劇：覺得「都是我選錯」而否定自己判斷力。

這種狀況在「高涉入決策」中特別明顯，例如：

◆ 選工作：公司、地點、發展、文化都想要最好的；
◆ 選另一半：條件越設越多，反而更難建立關係；
◆ 選學校、選科系：選項變多時，學生反而不易做出決定，延後探索與行動。

第二節　太多選擇反而不幸福

當我們過度追求「最好的選擇」，其實很可能錯過「足夠好而能前進」的機會。

消費社會裡的幸福陷阱：過度選擇如何傷害日常生活

在現代社會，商品與服務的選項呈指數級增加。從衣服款式、洗髮精種類、電動牙刷功能，到保險方案與手機費率，我們幾乎每天都在做選擇題。

但這些選擇真的讓生活更好嗎？

行為經濟學研究顯示，當人面對太多消費選項時，會出現以下現象：

- 分析癱瘓（decision paralysis）：反而不消費，或選擇延後；
- 低滿意度：明明買到好東西，卻因沒選其他而不滿意；
- 懊悔情緒：認為「早知道就買那個」，降低幸福感；
- 品牌信任崩解：覺得廠商故意複雜化選項，是為了賺錢不為了幫助選擇。

這種「看起來是選擇自由，實則是心理操控」的結構，使我們陷入無止盡的比較與不安，最終無法專注在使用與體驗本身。

太多選擇，不是讓我們活得更好，而是讓我們活在不斷懷疑是否做對選擇的循環中。

第十一章　行為經濟學的日常提醒

行為經濟學教我們的策略：選擇要少，但意圖要明確

若無法避免選擇，我們至少可以透過設計環境與思維架構，降低其傷害、提升決策品質。

以下是三種行為經濟學中的「選擇管理策略」：

1. 預設選項（default setting）

研究顯示，當提供預設值（例如保險自動續約、器官捐贈勾選）時，人們更願意採納。

→對自己可設「預設消費清單」與「預選品牌」，減少每次都從頭思考。

2. 限制選項法則（bounded choice）

選擇不超過五個方案，主動刪除「差不多但不同名」的選項。

→例如用三個明確標準選工作，不被其他雜訊干擾。

3. 決策後封鎖通道（post-decision closure）

做完選擇後，不再持續比較其他選項，不再重新瀏覽商品、不再檢查價格，讓注意力從選項轉向行動與使用。

這些方法不是讓你變得更理性，而是讓你更「決定得下來」，進而建立行動動能與情緒安定。

幸福不是最好的選擇,而是足夠好且能前進

行為經濟學給我們最大的提醒,是「人不是追求最佳,而是追求滿足」的動物。而當選項過多,我們不但難以找到最優,連滿足都變得稀有。

我們該學會的,不是「如何選得最好」,而是:

◆ 先釐清自己的目的與價值排序;
◆ 學會停止搜尋,允許選擇不完美;
◆ 讓每個決策都能帶來行動與實踐,而非遺憾與遲疑。

真正的自由,不是你可以選擇無限,而是你知道什麼時候該選,什麼時候該停,然後義無反顧地過好選完之後的日子。

第十一章　行為經濟學的日常提醒

第三節　快樂的邊際效用：賺得多並不等於快樂多

"Money is only a tool. It will take you wherever you wish, but it will not replace you as the driver."

「金錢只是工具，它可以帶你去任何地方，但無法取代你成為人生的駕駛者。」

你以為錢愈多愈快樂，其實快樂有一條平緩的曲線

經濟學理論中的「邊際效用遞減法則」指出：當你持續獲得某一資源，每多得到一單位，其帶來的滿足感會愈來愈低。吃第一顆壽司時覺得幸福爆棚，第十顆時卻感覺平淡無奇。

這套邏輯也適用於收入與快樂之間的關係。

根據丹尼爾·康納曼與安格斯·迪頓（2010）的研究，美國人在年收入達到七萬五千美元後，收入再增加，對日常快樂的提升變得不明顯。這個現象之後在多個國家重複驗證，即使數字不同，但趨勢一致。

也就是說：錢確實買得到快樂，但不是無限買得到，也不是成正比買得到。

你可能從三萬加薪到五萬,感受巨大自由;但從十萬加到十五萬,快樂增加卻趨於平緩。

金錢帶來快樂,但它的「幸福濃度」會隨著劑量提升而稀釋。

為什麼邊際效用會遞減?
因為「期待」比「事實」走得更快

錢與快樂的關係之所以非線性,關鍵不只在「錢」本身,而在於我們對「錢可以改變什麼」的預期。

當我們收入提升時,會同時出現以下心理機制:

- 生活品質提升,變成新的常態:從租屋換成自有,從機車換汽車,一開始很快樂,但幾個月後就麻木了;
- 比較基準上升:你收入十萬時會開始跟月薪十二萬的朋友比,過去讓你滿足的東西變得不夠看;
- 消費結構改變:生活開銷自然膨脹,原本是奢侈品的東西成為必要品,回不去了;
- 時間焦慮升高:收入提升帶來更多責任與期待,時間變得更緊湊,壓力也跟著上升。

這些因素讓我們的心理系統不斷「追趕自己的預期」,永遠無法安於現狀,於是陷入一種「多卻不滿足、忙卻不快樂」

的悖論循環。

不是你變得更貪心,而是你習慣得太快,忘了剛開始的滿足感長什麼樣子。

你真的想要錢,還是想要錢以後能做的事?

研究發現,比起「收入」本身,影響幸福感更強的,其實是「對金錢的使用方式」。

以下三種金錢使用方式,會顯著提高幸福感:

- 花錢買經驗:旅遊、學習、親密關係的共同體驗,比買物品來得更長久與正向;
- 花錢省時間:如請打掃、外送、交通替代工具,讓自己有更多時間從事有意義活動;
- 花錢幫助他人:對家庭、朋友或社會的付出,會產生滿足與認同感,遠超過同等金額的自我享受。

這說明,金錢不是讓你變快樂的源頭,而是你能否用它支援價值優先順序的工具。

收入增加的目的,不是為了讓消費變得高級,而是讓選擇變得自由。

幸福不是看你有多少錢,而是你用這些錢,換得了多少你真正重視的東西。

幸福設計的真問題：
你用金錢換來的是自由，還是焦慮？

如果收入提升後，你的時間變得更不自由、社交圈壓力更大、生活選項更多卻無法選擇，那麼你可能陷入了經濟成長卻生活倒退的陷阱。

這種陷阱的表現包括：

◆ 過勞但不敢停下來，因為「生活成本已經變貴」；
◆ 明明年收百萬，卻沒有半天假可以和家人好好吃頓飯；
◆ 每天忙到凌晨，只為了不被職場淘汰，卻無法真正享受賺來的錢。

這不是錢的錯，而是我們用錯了時間與注意力的配置方式。

幸福的邊際效用之所以會遞減，不是因為快樂少了，而是我們失去了辨識它的能力。

錢該變成燃料，而不是速度競賽的桎梏

回顧本節核心命題，行為經濟學提醒我們：「錢買得到快樂，但快樂不是錢本身，而是你選擇怎麼活。」

你可以用錢買效率、買自由、買關係、買選擇權，這些

第十一章　行為經濟學的日常提醒

都會讓你變幸福。但如果你用錢去換一場不斷加速的生活比賽，換來無休止的比較、競爭與壓力，那麼即使你賺得再多，也無法兌換真正的快樂。

　　賺更多從來不是問題，問題是你有沒有用那些收入，打造出你真正想過的生活。

第四節　向「滿意」靠攏，而非「完美」

"The perfect is the enemy of the good."
「完美是美好的敵人。」

選擇時不斷尋找最優，最終讓自己陷入決策癱瘓

在現代社會裡，選項多如繁星，從午餐吃什麼、要不要換工作，到哪一間幼兒園比較好、投資組合如何配置，我們被各種選擇包圍，並且被鼓勵「做出最好的決定」。

行為經濟學者貝瑞・史瓦茲（Barry Schwartz）在其研究中區分兩種決策類型：

- 滿意者（satisficers）：一旦選項達到內心設定的門檻，即可接受並採取行動；
- 最大化者（maximizers）：不斷尋找最佳選項，即使已經找到不錯的解答，也會持續搜尋，直到筋疲力盡。

表面上看，最大化者會做出更好的選擇，但實際研究顯示：

第十一章　行為經濟學的日常提醒

- 他們花費更多時間搜尋與比較；
- 決策後的滿意度反而更低；
- 更容易後悔與自責；
- 經常暫緩行動或選擇延後，錯失機會。

在選項不斷增加的時代，懂得「夠好就好」的人，反而過得更輕鬆、更有效率、更穩定。

為什麼最大化讓人更不快樂？因為它永遠不結案

最大化背後，是一種對失誤與不確定的恐懼心理。這種思維模式會導致以下心理偏誤：

- 後悔偏誤（regret aversion）：擔心未來後悔，所以不敢決定；
- 機會成本放大效應：每選一項，就要放棄其他，最大化者會過度在意自己錯過了什麼；
- 比較焦慮：害怕別人比自己選得更好，因此陷入比較的疲勞；
- 反覆驗證需求：不相信自己的直覺與初始選擇，導致不斷查找資料、請教他人、反覆評估。

結果是什麼？是決策變得痛苦，行動遲緩，情緒壓力升高，甚至習慣性拖延。

第四節　向「滿意」靠攏，而非「完美」

　　反觀滿意者，他們懂得設定合理標準、快速過濾、接受不完美的結果。他們的行為不是妥協，而是「用有限資源達成最大價值」。

　　最大化者想要最佳解，但現實世界沒有解題本；滿意者要的是「能實行的路線圖」。

滿意不等於將就，而是建立自己的標準與界線

　　要避免過度追求完美，我們必須學會「界定足夠好」的能力，也就是：

- 事前明確定義決策目標：買衣服是為了出席婚禮，不是為了成為全場最亮眼的人；
- 設定可接受的門檻與條件：例如「年薪不低於 × 萬、有自主空間、有成長性」即為轉職條件，而非「全方位最理想公司」；
- 練習封閉式選項：只從三個方案中選，不開放無限搜尋；
- 下決定後即停止搜尋與比較：把注意力放在使用與行動上，而非持續回顧沒選的其他選項。

　　這樣的決策模式不代表你不認真，而是你尊重自己的時間、情緒與決策成本。

第十一章　行為經濟學的日常提醒

真正成熟的選擇，不是毫無妥協地追求最好，而是清楚知道「什麼對我最有價值」。

從生活到職涯：最大化的代價其實很高

最大化不只出現在購物與選擇場景，更深刻地影響職涯與人際關係。

- 職場上：有些人拒絕交件，因為總覺得不夠好；有些人無法升遷，是因為過度修正反而影響執行效率；
- 創作與寫作：過度追求最佳表現，使得產出週期拉長，甚至無法產出；
- 親密關係：無法建立長期連結，是因為在「可能更好的人」的想像中，從不願意對現實中的人承諾；
- 學業與考試準備：永遠不敢考試、不敢報名，因為總覺得「還沒準備好」。

這些現象背後，都是一種對不確定性的逃避與對自己表現的不信任，其實讓我們失去了很多實踐、練習與進步的機會。

最大化的陷阱不是標準高，而是你永遠覺得自己還不夠好，永遠無法起跑。

第四節　向「滿意」靠攏，而非「完美」

用「夠好」啟動生活，而不是等「最好」才開始

在資訊過載、選項爆炸、競爭激烈的當代社會，行為經濟學提醒我們：

- 完美不是決策的必要條件；
- 決策的重點在於可行性與滿意度；
- 行動比猶豫重要，錯誤比拖延更值得原諒。

這樣的觀念不只是心理安慰，而是一種「風險管理」與「自我能量守恆」的現實考量。當你接受「向滿意靠攏」，你不是放棄追求，而是選擇一種更適合人性、更接近幸福的節奏。

成熟的人不是選到最好的人生選項，而是用自己最穩的節奏，活出足夠好的選擇人生。

第十一章　行為經濟學的日常提醒

第十二章

時間管理的經濟學視角

第十二章　時間管理的經濟學視角

> 第一節　時間也是資源：
> 機會成本的最佳範例

"Time is the scarcest resource and unless it is managed, nothing else can be managed."

「時間是最稀缺的資源，如果無法管理時間，那其他一切也無從談起。」

經濟學的起點不是金錢，而是「有限資源下的選擇」

傳統印象中，經濟學是一門與金錢有關的學科，討論價格、收入、投資與市場。但事實上，經濟學最根本的問題是「資源有限，需求無窮」。

而時間，正是所有人最公平、卻又最容易浪費的有限資源。

你每天有二十四小時，不論貧富、年齡、性別、學歷皆然。不同的是，有人把時間當作計算資本投入，有人卻將它視為不需記帳的流沙，任其自然流逝。

這也是為什麼時間，是機會成本概念最容易理解、也最難掌握的範例。

你沒選擇去做的那件事，就是你此刻選擇的代價。

機會成本是什麼？
不是你花了多少，而是你錯過了什麼

機會成本的定義是：當你做一個選擇時，所放棄的其他選項中價值最高的那一個。

舉例來說：

- 如果你選擇週末加班，你放棄的可能是與家人相處、朋友聚會或好好休息；
- 如果你花一小時滑手機，那麼你可能錯過的是閱讀、健身或思考的時間；
- 如果你選擇穩定的工作而不是創業，那麼你的機會成本可能是自由、創造性與成長空間。

時間的機會成本特別值得關注，因為：

- 不可逆：時間一旦過去，無法重來；
- 無法儲存：不能像金錢一樣存起來慢慢花；
- 分配彈性大：使用方式全憑個人選擇，沒有自動系統保護你。

這也就是為什麼有錢人更重視時間 —— 他們早已理解，金錢可以複製，時間無法重製。

第十二章　時間管理的經濟學視角

當你不懂得衡量時間價值，你其實一直在讓利給他人

現代職場常出現一種現象：高學歷、努力工作的人，卻總是被瑣事壓得喘不過氣，長時間無法專注、無法完成高價值任務。

原因不在能力，而在於「不會用機會成本的角度管理時間」。

幾個常見的錯誤例子包括：

- 花兩小時省五十元的購物比價，卻錯過處理重要案子的時間；
- 為了節省計程車錢而多花一小時通勤，卻忽略精神耗損與家庭時間損失；
- 在會議與行政雜務中疲於奔命，卻沒有空做創造性工作或長期規劃。

換句話說，當你不替時間標價，別人就會用他們的價格替你使用它。

這種現象，在經濟學中稱作「隱性成本外部化」：你沒計算的成本，其實正被他人默默轉嫁到你身上。

讓時間發揮價值的關鍵：你得先學會說「不」

管理時間最困難的，不是如何做得更多，而是如何做得少卻更有價值。

這需要具備三個能力：

- 辨識高價值任務：哪些事情能創造最大影響與成果？哪些只是「看起來重要但其實可有可無」？
- 懂得拒絕低價值活動：無意義會議、不必要的社交、反覆整理的低創造性工作 —— 這些占用了你高產能時段。
- 設定邊界與節奏：不是讓時間填滿所有空白，而是為思考、恢復與創造保留空間。

當你能以「機會成本」看待每一小時的使用，你會發現：

- 寧可多花錢請外送、請人幫忙處理庶務，也不願在低效活動中耗掉黃金專注力；
- 寧可少社交一些人，但留下最重要的連結與對話；
- 寧可做一件關鍵事做到好，也不貪心地做十件事情都只做到及格。

時間價值管理的第一步，就是對於那些「你不說不，它就會占滿你生活」的選項，勇敢設限。

第十二章　時間管理的經濟學視角

你的人生不是由你能做多少事決定，
而是由你選擇做哪些事構成

機會成本不只是經濟學理論，更是一套生活哲學。當我們真正將時間視為一種可計算、可配置、應當珍惜的資源，決策行為將產生根本性的轉變。

你會開始問自己：

- 「這個決定，值得我的一小時嗎？」
- 「我是否忽略了更值得投入的行動？」
- 「我的人生，是否被低價值任務塞滿？」

最終，你會學會把時間花在真正重要的事情上，把自己最清醒的時刻保留給最有影響力的選擇，讓每一段時間不只是被消耗，而是在有意義的方向上累積價值。

真正富有的人，不是時間最多的人，而是對每一段時間能創造什麼價值，有最清楚想法的人。

第二節
每天的決策疲勞背後的「交易成本」

"Every decision you make uses willpower; every small choice carries a cost."

「每一個決定都消耗意志力，每一個微小的選擇都有其代價。」

我們每天不是做太少決策，而是做太多瑣碎決策

你早上起床，打開手機：

- 要不要馬上回訊息？
- 早餐吃什麼？
- 穿哪件衣服？
- 看哪則新聞？
- 今天的代辦事項先做哪一個？

光是從起床到出門，你可能已經做了超過一百個微小決策。這些決定看似瑣碎，卻會消耗掉大量心理資源與認知能量，導致一種熟悉卻難以言喻的狀態——決策疲勞（decision fatigue）。

第十二章　時間管理的經濟學視角

這種現象的核心，其實就是經濟學所謂的「交易成本」在心理層面的表現。

傳統經濟學中的交易成本指的是：在完成一項交易前所需要付出的成本，包括搜尋資訊、談判、比較、管理的過程。而日常生活的每一個選擇，也存在一樣的結構性消耗。

當你感覺「什麼都沒做卻好累」，那其實是你花了一天在處理選擇的摩擦，而非實際的任務。

行為經濟學怎麼看「生活選擇的交易成本」？

生活選擇的交易成本大致分為三類：

- 資訊成本：你必須搜尋、比較、理解不同選項所需的時間與精力。例如挑選保險、比價買電器、找餐廳等。
- 認知成本：每一項選擇都需進行心理評估、預測後果與進行價值判斷，例如穿搭、與誰約會、看哪部劇。
- 情緒成本：做選擇時可能伴隨著後悔、不確定、焦慮、遲疑與自責等感受，這些情緒會消耗心理能量。

而這些成本在資訊充斥、選項過多、比較不易的環境中會被放大。這也說明為什麼現代人在「選擇自由」的環境下，反而感到更疲憊與迷惘。

不是你不夠勤奮,而是你把精神花在太多不必要的選擇上。

生活裡看不見的選擇成本:
從便利貼到日曆的微碎消耗

以下是幾個典型生活場景中常見的高交易成本陷阱:

◆ 沒有固定作息與餐食計畫:每天都要重新思考吃什麼、買什麼、準備什麼;
◆ 工作行程沒有預設模板:每次會議安排都從零開始溝通、確認、選時間;
◆ 過度依賴「臨時決定」:早上才決定今天要做什麼,導致所有行動都仰賴當下意志力;
◆ 資訊雜亂無章:筆記散落、代辦清單四處可見,導致搜尋與切換成本增加。

這些看似細微的狀況,其實每天都在削弱我們做出高價值決策的能力。當你把一整天的能量花在十幾件五分鐘的事上,你就沒力處理那一件需要九十分鐘專注的真正關鍵任務。

你不是沒時間,而是把時間碎掉了,把精神碎掉了,把選擇的權力交給了混亂。

第十二章　時間管理的經濟學視角

降低決策交易成本的經濟學解方：設計系統，而非依賴意志力

行為經濟學提出的「預設選項」、「環境設計」與「習慣自動化」三大策略，是對抗生活交易成本的核心工具。

以下是具體方法：

1. 預設選項

將高頻行為（如午餐、運動、穿搭）預設三種固定選項，省去每日重新思考。例如每天早餐固定三種輪流吃，不需臨時想。

2. 流程標準化

將工作行程、報告撰寫、會議安排建立模板化格式，如「週一早上專案規劃，週三下午內部簡報」，降低每次安排的搜尋與溝通成本。

3. 介面簡化與空間整理

將常用物品集中放置、重要資訊集中在一頁、書桌保持清爽，讓你不被找東西打斷決策節奏。

4. 生活自動化

使用定時購物、代辦清單同步、鬧鐘管理、記帳軟體等工具，將日常小決策交由系統執行。

這些設計不是讓你變機器,而是讓你的腦袋留給需要創造力與判斷力的真正挑戰。

精神能量是一種資源,能省下來的就省,不要浪費在無感但消耗高的選擇摩擦裡。

真正的自由,不是選擇多,而是高品質決策的空間

日常生活中,我們常被鼓勵要「掌控生活」、「善用時間」,但若缺乏交易成本的視角,我們就會在選擇中迷路,在自由中疲憊。

你需要的不是再多一點行動力,而是減少每一個行動背後的決策成本。當你把生活中大量可預測的事情交給預設機制,把真正重要的思考保留給需要你的選擇,你才會感受到:

- 專注變得可能;
- 決定變得輕鬆;
- 精神變得富足;
- 時間變得寬裕。

不是你需要做更多事,而是你需要花更少的力氣,做對的事。

第十二章　時間管理的經濟學視角

第三節
如何用經濟學原則安排優先順序

"The essence of strategy is choosing what not to do."
「策略的本質，在於決定不做什麼。」

我們都擁有有限的時間，但分配方式決定人生樣貌

每個人每天都擁有 24 小時，看似公平，卻產生極大差異。差別在於我們如何安排這些時間的使用順序與內容。

經濟學教我們處理有限資源時，首要任務是有效分配與最大化總效用。對時間而言，我們無法儲存、轉讓或延後使用，它只能被使用或被浪費。

換言之，時間管理的核心其實是優先順序的經濟決策問題。

你選擇先做什麼、延後什麼、放棄什麼，會直接影響你的產出、成就、壓力與滿足感。

當你每天都覺得事情做不完，很可能不是事情太多，而是排序邏輯錯了。

邊際效用法則：
不是做越多越好，而是找出回報最高的時間段

邊際效用法則指出：每多投入一單位資源，其產出效益會逐漸遞減。

這個原理同樣適用於時間與任務安排。試想以下情境：

◆ 你花一小時專注寫作，產出五百字高品質內容；
◆ 你持續寫到第三小時時，大腦疲倦，內容品質開始下降；
◆ 若你硬撐第四小時，可能寫不出一百字，甚至要花更多時間修正。

這表示你應該根據「邊際產出」調整時間配置：

◆ 把高專注力的時段（如早晨）留給創造性任務；
◆ 把可分段處理的瑣事安排在午後或能量低點；
◆ 不求長時間持續做事，而是切割時間，提升每單位時間的價值密度。

時間安排不是拼總量，而是拼單位時間的效益曲線。

機會成本排序法:每一個選擇都是放棄其他可能

優先順序的另一關鍵概念是機會成本排序法。簡單來說,你選擇投入某件事的時間與精力,就等於你放棄了同樣時間可以做的其他事。

這種排序應以以下三項核心評估:

◆ 產出價值:這個任務對成果、收益或目標有多少幫助?
◆ 不可取代性:這件事非你不可完成,還是能委託他人?
◆ 時效與關聯性:這項任務是否與你當前的主要目標一致?是否有時間窗口?

以下是一種簡化的應用方法:

任務	產出價值	可委託性	與目標一致性	排序優先建議
A 專案簡報	高	低	高	優先處理
B 例行報表	中	高	中	委託或延後
C 回覆社群留言	低	可全委託	低	可排除或工具化處理

這種排序不僅提升效率,也減少決策壓力,因為你不再問「我能不能做完」,而是問「什麼值得我先做」。

設計自己的時間配置邏輯：從策略到執行的流程管理

要真正落實時間優先順序安排，你需要一套清楚的系統與週期性檢視。以下是建議步驟：

明確你的主要目標與關鍵成果領域 (Key Result Areas)

每月重新確認一次：你此階段的核心目標是什麼？不超過三項。

分類任務性質與優先層級

使用行動矩陣：急且重要／重要但不急／急但不重要／不急也不重要。前兩項為主力行動，後兩項能委託或刪除。

排除性規劃而非堆疊性規劃

不要把任務都塞入日程表，而是每週先清出空白區，再決定哪些任務值得進來。

每週一次「反思時間帳」

回顧：上週有沒有任務占用太多時間但效益偏低？哪一項值得複製？哪一項應剔除？

這套邏輯建立的不是完美日程，而是讓你與時間之間建立一種策略性合作關係。

不讓時間凌駕你的人生，而是你決定時間該服從什麼樣的人生設計。

第十二章　時間管理的經濟學視角

優先順序不是效率問題，而是人生方向的經濟選擇

當我們說「我沒時間」，其實是在說「我不知道該把時間給誰、給什麼」。這句話背後，是資源分配失序的結果。

用經濟學的語言說，人生不是一場競賽，而是一場有限資源下的多期選擇遊戲。你每天面臨的不是「多做什麼」，而是「什麼才值得我此刻投入」。

優先順序不是管理術語，而是價值排序的鏡子：

- 你先做什麼，就是你的人生告訴別人你最重視什麼；
- 你放棄什麼，就是你決定什麼不是此刻的你該承擔的；
- 你堅持什麼，就是你對自己的承諾與未來的投資。

時間沒有優先順序，但你的人生有。如果你不替它安排，他人與環境就會替你決定。

第四節　你值得更貴的時間嗎？時間價值再思考

"You get paid in direct proportion to the difficulty of problems you solve."

「你所得的報酬，與你解決問題的難度成正比。」

你的時間多少錢，不是公司說了算，是你自己的選擇

許多人用「時薪」來衡量時間的價值。你月薪六萬元，每月工作 160 小時，換算時薪約為 375 元。這似乎是一種客觀的時間定價方式，但其實這只是「被僱用時間的最低估價」，並不代表你的時間真正價值。

在經濟學上，時間價值可以分為三個層次：

- 市場交換價值：如雇主支付的薪資、接案報酬；
- 主觀使用價值：如你用一小時陪伴孩子、沉浸閱讀、養生或創作；
- 替代性價值：此刻若不做這件事，你可以拿去做什麼別的更高價值的行動。

第十二章　時間管理的經濟學視角

問題是，我們太習慣讓他人來替我們定義時間價值，而忘了主動經營自己的時間議價能力。

你若把時間隨便給出，它也會被別人當作免費資源使用。

時間的價值為什麼在你身上不斷貶值？
因為你沒讓它升值

許多人覺得自己的時間不值錢，是因為：

◆ 任務價值低：忙著處理低產值任務如重複行政、庶務、報表；
◆ 選擇權薄弱：無法決定自己的日程與行動；
◆ 能見度不足：沒有人知道你在做什麼，即使你做得很好；
◆ 自我價值感低落：不敢為自己的時間開出價格或拒絕低效率會議與不必要請求。

這些狀況導致一個人明明能力不差，但時間總是被錯誤使用，價值也無法體現。

若你想讓時間升值，第一步不是去找加薪的理由，而是先讓自己的時間能創造更高的邊際價值。

例如：

- 用一小時協助團隊完成難題,創造十倍價值;
- 用半小時設計一個能自動化處理的表單,省下未來數十小時;
- 用三小時讀完一本書,改善後續三個月的專案品質;
- 拒絕三場會議,用那時間寫一份策略提案,影響下一季營收。

這些都是讓你的時間成為高回報單位行為的設計。

讓你的時間更貴的三個經濟策略

如果你真心希望自己未來可以「少做、但做得更值錢」,你應該開始建立以下三種策略性行為:

1. 專業集中策略 (specialization leverage)

專注於自己能力最強的領域,持續提升深度,並主動曝光,讓你的時間在市場上有明確的價值定位。

→把 80% 的時間集中在 20% 最有回報的能力上。

2. 可複製輸出策略 (replicable output)

不是只靠小時計費,而是創造能被多次使用、轉售或應用的內容或成果,如教學模組、寫作、系統設計。

→用一次性投入創造多次性價值,讓時間變成「資本」。

3. 選擇成本設限策略（cost-of-choice control）

避免將時間花在高交易成本的決策或不重要的人事物上。善用模板、自動化與預設選項，節省精神資源。

→讓真正重要的選擇保有思考空間，讓不重要的決定自動發生。

讓時間升值，不是讓你變得更貴，而是讓你變得更不可被隨便替代。

如何衡量自己目前時間的「實際價值」？

以下是一個簡化時間價值盤點表，可作為每月反思檢核工具：

時間使用類型	每週花費時數	預估產出或價值結果	可否外包或刪除	時間是否值得
電子郵件與會議	10	溝通資訊、但效率低	可部分外包	否
專案創作與策略規劃	8	直接影響業績與升遷	不可外包	是
社交應酬與內部報告	5	維持人際關係，但不直接產值	可減量	部分是

時間使用類型	每週花費時數	預估產出或價值結果	可否外包或刪除	時間是否值得
健身與自我閱讀	6	長期健康與認知提升	不可外包	是

這樣的盤點會讓你重新審視：哪些時間的使用正在「虧損」？哪些值得加碼？哪些其實只是填空卻讓你筋疲力盡？

當你知道時間值多少，你的人生就開始變得不一樣

我們總是羨慕那些看起來很有效率、收入高、生活自由的人，卻忽略他們最重要的資產不是財富，而是時間議價力。

他們知道什麼時候該說不，什麼時候該全心投入，什麼時候該委託別人，什麼時候該留白。

時間從來不是靠安排，而是靠選擇。當你能讓自己時間的每一小時變得更有價值，你就再也不是在時間中掙扎，而是在時間中掌舵。

你值得更貴的時間，前提是你願意替自己的時間，先做出一套新的價值定義。

# 第十二章　時間管理的經濟學視角

第十三章
關係與信任的經濟學

第十三章　關係與信任的經濟學

第一節　社會資本：你的人脈是經濟資源

"Your network is your net worth."

「你的人脈資源，就是你真正的資產淨值。」

人際關係不是情感附屬品，而是資源流通的基礎設施

在經濟學討論中，我們熟悉「金融資本」、「人力資本」，卻經常忽略「社會資本」的存在與價值。

社會資本指的是一個人透過人際連結所累積的：

- 信任；
- 認同；
- 資訊流通能力；
- 協作能量；
- 支援與動員力。

這些雖然無法像金錢一樣立即交易，但卻能深刻影響個人的機會、決策品質與風險承受力。

例如：

第一節　社會資本：你的人脈是經濟資源

- 當你失業時，有沒有人幫你介紹職缺？
- 當你創業時，有沒有人願意提供資源與建議？
- 當你需要合作時，有沒有人願意無條件先相信你？

所謂的「貴人」，其實就是你過去累積的社會資本正在發揮利息。

人脈不是多就好，而是關係密度與信任品質的綜合體

建立人脈並不是比誰認識的人多，而是你的社交網絡中：

- 有多少人真正在需要時會挺你；
- 有多少人會為你說話、介紹資源、推薦機會；
- 有多少互動關係能承受風險與時間考驗。

社會資本可大致分為三類：

- 連結資本（bonding capital）：密切關係，如親友與長期合作者，提供情緒與實質支持；
- 橋接資本（bridging capital）：跨圈層的弱連結，如活動認識的朋友、社群關係，提供資訊與機會；
- 連結資本（linking capital）：與制度、組織間的關係，如學長姐、產業資深者，能串聯結構性資源。

三者互補缺一不可。過於偏重其中之一，將導致人脈失衡：

- 只有親密關係，資訊封閉；
- 只有外圍連結，信任不足；
- 只有上對下關係，缺乏橫向支撐。

　　真正強大的人脈網絡，不是圓，而是交錯有機的網。

信任是交易的起點，社會資本是效率的潤滑劑

　　在經濟學中，「交易成本」是每一次合作的隱性消耗，例如：

- 雙方談判所花的時間；
- 彼此不信任所產生的備案成本；
- 協議破局後的風險處理機制。

　　而社會資本的本質，就是降低交易成本。

　　當一個人具有高度信任網絡時：

- 合作可以更快開始；
- 誤解可以更快釐清；
- 成本可以更有效分擔；
- 資訊可以更流通對稱。

這也就是為什麼，高社會資本者經常看起來「做事特別順」，因為他早已用關係結構，打通了合作中的摩擦與卡點。

信任不是道德上的美德，而是一種最節省資源的效率設計。

如何經營你的社會資本？三個經濟學角度的實踐原則

若將人際關係視為資源體系，我們可以透過以下三種經濟原則強化其運作：

1. 定期維護原則

如同資產需要維修與保養，關係也需定期互動、關心與回應。不要只在需要時才聯絡，那會讓社會資本變成一次性信用。

2. 交換非對稱原則

不必等值交換才給予。社會資本講求的是「互惠預期」，你今天提供幫助，未來對方也更願意為你站臺或回報。

3. 資訊轉運原則

在不同圈層之間，擔任資訊與資源的橋梁。成為網絡的連結者，不僅提升自己能見度，也能建立不可替代的社會位置。

第十三章　關係與信任的經濟學

經營關係不是拉攏,而是設計一個讓彼此都能得利的合作架構。

在數位與不確定時代,最稀缺的就是人願意相信你

AI可以替代資料處理,平臺可以撮合買賣,但信任與關係的建立,仍是人類最獨特的資源製造機制。

未來十年,個人不再只是靠技術與學歷競爭,而是:

◆ 誰有能力串聯資源;
◆ 誰能被信任並持續被推薦;
◆ 誰能快速動員人力、連結機會、創造協作效益。

當社會變得愈來愈個體化,社會資本的價值反而會顯得愈來愈稀缺。

經濟不只是錢的流動,而是信任與關係的交換過程。

而你能被多少人相信,決定了你未來能走多遠。

第二節　互惠理論與信任成本

"Trust is built when someone is vulnerable and not taken advantage of."

「信任是在對方展現脆弱時，你選擇不傷害他的那一刻建立起來的。」

互惠不是社交禮貌，而是人類合作的基礎經濟結構

在經濟學早期的市場模型中，所有交換都假設是理性、自利且以契約為基礎的。但行為經濟學與社會心理學指出，人類在合作時，其實更常依賴的是一種互惠預期。

所謂互惠（reciprocity），是指：

- 當你對我好，我會回報；
- 當你願意讓利，我也會在日後補償；
- 當你先行信任，我會以行動回應信任。

這種互動模式不需法律約束，不需等值交易，卻常常是商業與人際關係長久穩定的關鍵。

舉例來說：

第十三章　關係與信任的經濟學

- 老闆願意給彈性工時，員工在危機時自願加班；
- 顧客願意提前付款，小商家用更好品質回應；
- 朋友主動幫忙搬家，日後你更願意為他做出額外投入。

互惠行為本身不是善意，而是一種期待「彼此成為可長期依賴對象」的風險協議。

信任行為為何有效？
因為它省下最貴的成本 —— 監控與防備

現代經濟體系中，有兩種成本最難被顯性化，但卻極其龐大：

- 監控成本：確保他人不欺騙、按約執行所需要的制度與人力；
- 防備成本：由於害怕受害而預先設下的條款、保護措施與心理壁壘。

信任的出現，可以大幅減少上述兩種成本。這也是「信任被視為經濟資產」的根本邏輯。

例如：

- 一位信任員工的主管不需逐日稽核；
- 一位誠信的合作商不需簽署冗長合約；
- 一位可靠的朋友，不需事事提醒也會完成承諾。

當信任累積，交易速度會變快、談判空間變短、分工與效率提升。這種關係所創造的經濟效益，遠大於一次性的議價成功。

信任的真正價值，不在於合作是否發生，而在於合作發生的速度與心理成本的下降。

信任破裂的代價比你想像得更貴：
從一次遲到到整段關係失衡

建立信任需要長時間、多次往來與一致表現，但破壞信任卻可能只需要一次事件。以下是幾種常見但代價高昂的信任流失場景：

- 資訊不對稱造成預期落差：你答應「很快完成」，結果拖了兩週；
- 單邊互惠失衡：你常向某人提供資源與幫助，但對方從未主動回應；

第十三章　關係與信任的經濟學

- 情境背叛感：在重要時刻未履行承諾，導致關係從此疏遠；
- 表裡不一的互動模式：當面客氣，背後操作，讓人產生二元人格的不安感。

這些事件造成的不只是當下的合作中止，更是整個網絡對你的「合作預期」降低，使你未來在專業場域與人際關係中的可行動性大幅減弱。

經濟學的契約理論告訴我們，信任破裂後的制度補救機制成本往往遠高於事前維護信任所需的投入。

關係的崩解不需要爭吵，只要對方開始對你預設「風險」而非「合作」。

如何設計一套長期互惠機制？
三個信任工程原則

要讓合作不只是一次性的任務達成，而是可持續的互惠關係，可以運用以下三個策略性設計原則：

1. 開放資訊對稱

主動分享目標、限制與資源條件，讓對方知道你能給什麼、不能做什麼。預防性資訊透明是信任建立的開始。

2. 預設對方善意，但用小試合作檢驗

一次給足信任容易造成誤判。先以小規模行動測試彼此回應，再逐步擴大範圍。這是一種動態信任累積模式。

3. 回應速度與頻率設計

信任來自「預期穩定」，而穩定感來自訊息與行為回應的速度、準確度與一致性。不需每天報告，但每次回應要有節奏與可信度。

這些原則讓你在關係中不只是反應者，而是主動建構一個可複利式增值的信任場域。

信任不能等來，要靠設計來打造。

人與人的合作，從來不是交易而已，而是制度中的情感效率

互惠與信任不是理想主義，而是一種經濟效率設計。當你願意先給予、不立即回報、願意長期耕耘，你就進入一個與他人共同擁有「耐心資產」的生態圈。

而這樣的信任，不但讓人際互動變得可預期、可持續，更讓你在動盪變局中，有一群人願意陪你一起撐、一起扛、一起翻轉。

第十三章　關係與信任的經濟學

真正有力量的人,是那個能讓別人放心合作、願意投入的關係中心點。

第三節
團隊效率與激勵的「契約問題」

"People work for money but go the extra mile for recognition, praise, and rewards."

「人為了薪水而工作,卻願意為了認同、讚賞與獎勵而付出更多。」

團隊合作失效,往往不是能力問題,
而是激勵設計出錯

在多數組織中,當效率不彰、責任不清、貢獻不對稱時,我們常將原因歸咎於個人能力或態度問題。但從經濟學角度看,團隊合作問題背後往往是「契約機制失靈」。

契約問題的本質,在於兩個核心現象:

- 資訊不對稱:上位者無法完全觀察或評估下位者的行為或努力程度;
- 激勵不相容:制度提供的回報機制與預期行為不一致,導致努力不被獎勵、投機反而得利。

第十三章　關係與信任的經濟學

這種情況下,即使團隊成員個別有能力、有意願,整體合作仍可能低效甚至崩解。因為沒有人願意在一個獎勵錯配的系統中長期付出。

團隊失敗,不是因為沒有人做事,而是因為制度不鼓勵正確的人做正確的事。

什麼是激勵相容?你給的獎勵要能對應行為本身

經濟學中的激勵相容原則(incentive compatibility)主張:制度設計必須讓「個人利益最大化的行為,剛好是團體利益最大化的行為」。

但現實中常見的問題包括:

- 只獎結果、不獎過程:例如業務團隊只看業績,導致短期衝刺與報表操作;
- 集體產出、個別懲罰:團隊績效不佳時,每人受罰,卻無法釐清誰該負責;
- 只獎聲音大的人,不獎默默做事者:導致內向但高效的成員逐漸流失;
- 制度鼓勵保守而非創新:因為失敗懲罰遠高於成功獎勵,結果人人選擇低風險任務。

第三節　團隊效率與激勵的「契約問題」

這些都說明：如果激勵結構錯位，再多的團隊精神與士氣也無法補救。真正有效的契約設計，應該能讓「付出」與「回報」維持一種可預測的正向循環。

道德風險與搭便車問題：
制度不明，就沒人願意全力以赴

當團隊任務需要共同完成，且成果難以個別計算時，會出現兩個常見問題：

- 道德危機（moral hazard）：個體知道自己的行為不易被觀察，就可能降低努力程度；
- 搭便車（free-riding）：個體預期別人會承擔主要工作，自己便降低貢獻以享成果。

這種現象最常出現在：

- 合作專案中「有人不交稿，卻還領報酬」；
- 共用工作檔案卻只有少數人實際維護；
- 團體提案或發表中，只有一人負責簡報與美編。

這些問題並非個人懶惰，而是制度容許低投入高回報的行為模式存在。

解方不是用監控與威脅，而是設計出能促進責任承擔與動機釐清的機制。例如：

- 任務細分並設定明確交付指標；
- 成果與評價掛勾，每人回饋他人貢獻比例；
- 定期檢視貢獻分布，讓團隊成員擁有揭露與表達空間。

人的努力來自希望能被看見與回應，而不是默默犧牲。

設計團隊激勵契約的三項實務原則

若要從經濟學角度設計出有效的團隊合作制度，以下三項原則值得實踐：

1. 可觀察原則

將努力與成果拆解為可度量、可回報的單位。例如開發進度、會議貢獻、回饋次數、創意建議等，不只看「最終數據」。

2. 可分配原則

建立部分個人化回報制度，例如團隊獎金中一定比例依據個別表現分配，避免全額平均導致「平均變懲罰」。

3. 可回饋原則

建立匿名或實名的互評制度與簡易回饋流程，讓貢獻不再被忽略，讓問題能夠提早顯現並處理。

這些設計不是為了監控,而是讓個人與團隊之間的行為與信任轉換,成為一種可累積的資產關係。

沒有制度,就會產生混亂;沒有激勵,就會讓努力成為浪費。

當契約設計對了,團隊自然會動起來

一個健康的團隊,不需要天天喊口號、不必靠情緒煽動來維持士氣。真正的高效團隊,往往來自:

- 清晰的激勵結構;
- 明確的責任界線;
- 穩定的信任機制;
- 可預測的貢獻回報邏輯。

經濟學提供我們一個冷靜卻務實的提醒:人不是不願意合作,而是不願意白白合作。

當你的制度設計讓人願意付出、勇於承擔,也知道什麼值得投入,那麼再普通的團隊也能創造不凡的產出。

再好的團隊精神,也敵不過一套錯誤激勵機制。

但一套清晰的契約設計,卻能讓合作變成彼此最信任的選擇。

第十三章　關係與信任的經濟學

第四節　合作中的經濟行為設計

"Good collaboration doesn't happen by chance. It happens by design."

「良好的合作不靠運氣，而靠設計。」

合作不等於自動產生，
它是制度與誘因之間的結果

我們常以為，只要人彼此信任、有共同目標，就會自然產生合作。但行為經濟學顯示，人類對合作具有高度不確定與風險意識：

- 害怕吃虧；
- 擔心對方不守承諾；
- 對資源分配不安；
- 對回報時間模糊而缺乏動力。

這些心理障礙構成所謂的「合作摩擦成本」，即合作在未發生前，雙方對風險、付出與回報的預期落差。

若希望這種摩擦被有效管理，就必須採取制度設計的觀點，讓合作成為「行為上合理、心理上安全、結果上有利」的選項。

合作,不是因為我們彼此喜歡,而是因為彼此能相信這個設計不會讓人後悔。

有效合作的三大核心設計原則

從經濟學角度看,成功合作的環境設計,通常要同時滿足以下三大原則:

1. 預期清晰原則

雙方對合作目標、過程、交付內容、風險分攤有清楚理解。資訊對稱是合作信任的第一步。

例如:

◆ 明確列出合作分工;
◆ 約定里程碑與成果形式;
◆ 清楚告知時程與進度變更機制。

2. 回報對等原則

不需完全對等,而是「心理上感受公平」的回報機制。這種設計關鍵在於「過程是否可驗證」、「成果是否合理分配」。

例如:

- 根據實際貢獻調整利潤分成比例；
- 長期合作下設立紅利或額外獎酬；
- 提供非金錢型回報（資源、人脈、能見度）。

3. 退出安全原則

合作初期便明確設計可撤退機制與善後條款。讓參與者知道即使合作無法持續，也不會遭受致命損失或關係破裂。

例如：

- 設立中止條款；
- 對中斷後資料、成果的歸屬明確規範；
- 合作中止後可續前緣，不造成社會信任破壞。

這三項原則將「不確定合作」轉化為「可承擔風險的合作」，讓人願意主動參與，並帶來穩定投入。

從「一次性合作」轉向「持續互動設計」：打造合作複利效應

合作最有效的形式，往往不是一次性專案，而是可以疊加信任、複利成長的長期互動網絡。

行為經濟學告訴我們，人類更願意投入合作的條件之一是：「這不是最後一次。」

因此，我們應從「交易型合作」轉為「關係型合作」的設計邏輯：

◆ 強化每一次合作後的可見度與成果記錄；
◆ 保留合作後持續聯絡、資訊交換的通道；
◆ 建立共同參與社群或平臺，讓成員感受到長期共生價值。

這種合作網絡設計，不只讓每一筆互動具意義，也讓未來的合作成本不斷下降，進而形成互助共同體，甚至具備社會資本的外溢效應。

真正高價值的合作，是那種讓彼此不只完成任務，還願意持續再合作的關係系統。

設計合作的實務步驟：從環境、角色、流程到預期

若要將經濟設計原則落實於日常合作行動，以下是可行的四步法：

1. 設定合作環境

是否為雙方熟悉的平臺或組織？是否具備信任中介？是否可快速交流？

→平臺選擇將影響合作成本與信任強度。

2. 明確角色定義

合作不是模糊期待，而是明確責任歸屬。

→設計角色分工表、任務清單、交付時間。

3. 建立合作流程

不僅要結果，還要過程透明。

→使用共編系統、定期同步機制、設定回饋節點。

4. 對齊預期與回報

確認合作目標、動機與期待回報。若不一致，應調整合作方式或暫緩進行。

這四步並非繁文縟節，而是為了讓合作發生前先建立「信任代碼」與「行為邊界」，避免未來摩擦升高或關係耗損。

合作是人性，也是一門設計經濟

回顧全書，從個人財務、時間、選擇，到人際信任與制度設計，我們學會的是──經濟學不只是市場的語言，更是人類行為的結構學。

合作就是一種最日常、最關鍵的人際經濟行為。當我們懂得：

- 用激勵設計代替控制；
- 用預期管理取代猜測；
- 用制度結構代替單靠默契；

那麼，不論在生活、職場、創業或社群，我們都能打造一種更有韌性、效率與溫度的合作文化。

合作不是靠信心，而是靠制度；不是靠運氣，而是靠設計。你能合作得多遠，決定了你人生能走多遠。

第十三章　關係與信任的經濟學

第十四章
數位生活的經濟邏輯

第十四章　數位生活的經濟邏輯

第一節　免費的代價：數位服務背後的商業模型

"If you're not paying for the product, you are the product."
「如果你沒為產品付費，那你就是產品本身。」

「免費」為什麼最貴？
因為它用隱形方式收走你的價值

我們習慣用免費的 Gmail、LINE、Facebook、YouTube，也下載了無數 0 元應用程式，並早已不再驚訝於「這一切居然不用錢」。但真正的問題是：這些服務到底靠什麼活下來？他們賺誰的錢？我們又付出了什麼？

在傳統市場邏輯中，產品與金錢構成對價；而在數位市場中，這條交換公式已悄悄變成：

◆　使用者提供數據；
◆　平臺進行分析與預測；
◆　廣告主付費購買目標受眾；
◆　創造營收與價值閉環。

第一節　免費的代價：數位服務背後的商業模型

因此，所謂「免費」，其實只是讓金錢支付的角色轉移到了第三方──真正買單的是廣告商與數據消費者，而我們則是無償輸出注意力、行為與個資的提供者。

免費讓你以為你什麼都沒給，其實你給了比錢更珍貴的東西：注意力與偏好輪廓。

免費的背後，是「雙邊市場」與「注意力經濟」的運作

數位平臺營利的商業模型，大多採用雙邊市場結構（two-sided market）：

- 一邊是「使用者群體」：使用服務、貢獻內容、留下足跡；
- 一邊是「廣告與企業客戶」：為接觸這些使用者而付費；
- 中間是「平臺」：撮合雙邊需求、收集資料、提供轉換效率。

這一切的核心是：使用者不再是終端消費者，而是「可被分析與投放」的目標資料包。

因此，平臺會盡可能讓你停留更久、互動更多，並降低退出門檻與提升依賴性：

- 自動播放影片；
- 推播通知設計；

第十四章　數位生活的經濟邏輯

- 個人化推薦系統；
- 模糊的設定與隱私權限。

這些都不是為了「更好的使用體驗」，而是讓你在不自覺中成為更完整的「被販售資產」。

免費的背後，是一場針對你的數位行為所設計的演算法戰爭。

免費其實是一種「分期付款」，代價只是被延後與重構

免費模式並非真正不收費，而是將收費邏輯轉為其他形式，例如：

- 時間代價：你花大量時間看廣告、等待跳過、點擊誤觸，等於將時間貨幣化給平臺；
- 心理代價：過度通知造成焦慮、資訊過載導致疲憊、社群比較帶來情緒消耗；
- 行為代價：你的使用習慣被平臺設計導向，使你失去主動控制選擇的能力；
- 隱私代價：個人資訊、社交關係、定位記錄被長期儲存並再販售，可能引發資安或廣告操控問題。

第一節　免費的代價：數位服務背後的商業模型

這些「費用」不像現金一樣立即明確，而是在你以為占了便宜的同時，以更潛移默化的方式對你收費。

在數位時代，真正的商業模式不賣產品，而是設計你為什麼停不下來。

使用免費服務的反思與對策：
你可以「知道自己在付費什麼」

你不一定要拒絕使用免費平臺，但你應該具備三個基本思考策略：

1. 辨識平臺的商業模式

問自己：「這個平臺主要靠誰付錢生存？我在這個模型中扮演什麼角色？」

2. 計算自己的注意力與時間價值

例如每天在平臺上花三小時滑影片，這段時間是否能創造更高產值？這樣的內容攝取對我有多大回報？

3. 適時付費換取主控權與尊重

選擇購買付費版服務（如去廣告、加密備份、匿名設定），讓你從被販售的資產轉變為被服務的顧客。

你並非一定要付錢才能使用工具，但你應該知道哪裡該

保留選擇主體性，哪裡該拒絕被馴化的舒適依賴。

真正的免費服務，不是讓你停留最久，而是讓你選擇得更自由。

當你不願為產品付費，
那你的人格特徵就成為產品

數位時代的免費，是一場注意力、資訊與行為資料的「逆向交易」：

- 你提供使用習慣；
- 平臺建立預測模型；
- 廣告商根據你的偏好布局投放；
- 數據平臺據此變現並影響更大範圍行為。

這是一套極其精密且有效的價值鏈設計。你越以為自己沒付錢，就越可能失去對自身行為與價值的理解。

免費從來不是為了你省錢，而是為了讓你不問這筆帳該怎麼算。

第二節　數據就是資產？資料經濟的運作邏輯

"Data is the new oil."
「數據是新石油。」

為什麼說數據是 21 世紀最有價值的資源？

在工業時代，石油、土地與設備是企業競爭的核心；而在數位時代，掌握誰在看什麼、想什麼、做什麼的人，才是新經濟的掌權者。

「數據即資產」的觀念建立在以下三個特點：

- 可複製、可擴張：一份數據可同時用於廣告投放、產品設計、客戶行為建模；
- 可累積、可疊加：每一次點擊、滑動、留言，都會成為未來行為預測的一部分；
- 可轉換為現金流：平臺根據使用者數據進行推薦、促銷、個人化設計，提升轉換率與營收。

第十四章　數位生活的經濟邏輯

數據的價值不在「本身」,而在於其可計算性與可應用性。當我們的行為變得可預測、可模型化,就成了最可盈利的資源形式。

你不是免費使用服務,而是在不知不覺中,參與了一場資料探勘與資產提煉的過程。

你的每一個選擇,都是「數據交易」的起點

在現代平臺上,任何日常行為幾乎都會被資料化:

- 滑過哪則影片多停留 3 秒;
- 在什麼時間點點擊了哪篇貼文;
- 你打字時用的詞彙、停頓時間;
- 選擇哪種付款方式、在哪一站下車。

這些看似無害的片段資訊,透過大數據分析與機器學習運算,可以形成以下成果:

- 個人輪廓標籤化:年齡、性格、喜好、潛在需求;
- 推薦系統最佳化:你看到的內容愈來愈「像你」;
- 動態價格調整:不同使用者在不同時間可能看到不同價格;
- 風險控制與信用評分:如金融、保險、招聘等情境中,根據數據評估風險程度。

第二節　數據就是資產？資料經濟的運作邏輯

這一切發生得極為迅速，且使用者往往不自知。你以為自己在使用服務，其實是在輸出價值。

現代經濟不是賣產品，而是販售你的未來行為預測。

數據平臺如何變現？
從行為監控到商業決策的核心依賴

資料經濟不是只靠收集資訊，而是靠資料轉化為可行動資產。主要變現方式包括：

1. 廣告精準投放

根據使用者行為、搜尋紀錄與偏好進行高精度廣告定向，讓廣告主「花小錢買準客戶」。

2. 商業智慧服務 (Business Intelligence)

平臺將數據進行視覺化與模式分析，提供給企業做決策，例如哪種商品該上架、促銷何時啟動。

3. 模型訓練資料來源

你的語音、照片、操作習慣等可能被用來訓練語音助理、人臉辨識或自動化決策系統。

4. 交叉銷售與資料交換

不同平臺彼此合作或收購，用來建立更全面的使用者畫像，進行更大規模的產品推送或信用分析。

因此，數據平臺最大的資產不是技術，而是「擁有夠多行為資料的用戶群」與「讓使用者願意持續留在平臺的行為設計」。

資料到底是誰的？資料主權與倫理爭議

當數據變成資本，我們也必須重新思考兩個根本問題：

- 個人是否擁有自己資料的使用與收益權？
- 平臺對於蒐集與使用資料，是否具備足夠的透明與可控性？

目前全球主要的回應機制包括：

- 歐盟 GDPR（一般資料保護規範）：要求企業告知蒐集目的、用途，並允許用戶要求刪除個資；
- 資料可攜權（data portability）：使用者可以帶走自己的資料，轉移至其他平臺；
- 使用者同意設計：平臺必須清楚揭露並讓使用者選擇資料使用方式，而非預設勾選。

第二節　數據就是資產？資料經濟的運作邏輯

然而實務上，大多數人對「我資料怎麼被用、用在哪裡、換來多少價值」仍缺乏知覺與議價能力。

當資料成為資產，我們每個人都應成為這份資產的「所有者」，而非「被開採者」。

當資料變成貨幣，思考力才是你的真正護城河

資料經濟不是陰謀論，而是一個全新的經濟秩序。它讓「人類本身」成為市場的一部分，讓「行為」變成價值單位，讓「選擇」變成可預測的商品。

面對這個世界，我們需要的不只是防禦，更是以下三項能力：

- 資料識讀能力：了解平臺如何運作、如何使用你的資料；
- 資料決策能力：學會用數據說服、協商、創造價值；
- 資料倫理與倡議能力：在社會與政策層面主張資料使用的正當性與透明性。

當資料成為資產，你的每一筆行為都在產生價值；但只有你意識到這件事，這份價值才真正屬於你。

第三節　平臺經濟學：Uber、Airbnb 的價格祕密

"Markets are conversations – and algorithms are now the ones talking."

「市場是場對話，而現在發聲的是演算法。」

平臺不是中介者，而是市場規則的設計者

我們經常將 Uber 或 Airbnb 視為「新型中介」，事實上，它們早已超越傳統中介功能，變成了價格制定者、行為管理者與信任設計者。

平臺經濟最核心的結構，在於以下三個層次：

◆ 雙邊市場 (two-sided market)：同時聚合供給者（車主、屋主）與需求者（乘客、旅客）；
◆ 動態定價系統：根據即時供需、地點、時間與行為預測，自動調整價格；
◆ 聲譽機制與演算法治理：用評分、演算法排序來管理參與者行為與信任。

因此，我們不只是「在平臺上使用服務」，而是直接「參

與一個由平臺設定邏輯的市場」,所有互動都在平臺設計的劇本中發生。

平臺的本質,不是讓你自由交易,而是設計你如何交易、跟誰交易、什麼時候交易,以及花多少錢交易。

價格為什麼會一直變?
因為演算法在模擬一個動態市場

在 Uber 或 Airbnb 上,同一趟旅程、同一間房,價格會隨時段、地點、即時需求改變,這不是隨機波動,而是平臺設計的「動態定價模型」。

其基本邏輯如下:

- 供需不平衡時,價格上升:尖峰時段、壞天氣或節日,價格自動上浮,吸引供給者出動;
- 需求不足時,價格下調或提供折扣:促使用戶行為提早啟動(例如提早訂房、預約叫車);
- 個人化定價試探:根據你的訂單紀錄、停留時間、點擊次數,平臺可估算你對價格的接受度,做出「心理定價」。

這種設計背後依據的其實就是邊際效用與彈性測試原理:

第十四章　數位生活的經濟邏輯

- 當你越急、選擇越少,你對價格的彈性就越高;
- 當平臺能掌握這種需求強度,它就有能力「定出不被抗拒的高價」。

這不只是價格調整,而是一套用演算法進行即時心理與市場博弈的定價行為。

平臺為什麼可以不擁有資產,卻能掌控整個市場?

傳統產業要買車、蓋飯店才能營運;但 Uber 與 Airbnb 幾乎不擁有實體資產,卻主導了出行與住宿的全球市場。關鍵就在於它們掌握了三項無形資本:

- 流量與信任基礎:使用者願意在平臺上搜尋、預定、支付,信任平臺的保障與機制;
- 資訊優勢與數據壟斷:平臺知道所有人在哪裡、做了什麼、付了多少,卻不必公開透明;
- 規則設定權:平臺決定什麼樣的駕駛能上線、訂單怎麼分配、哪種房型會被推薦。

這些讓平臺不只是服務者,而是市場的制定者與操作員。

而這種「擁有控制權而非擁有資產」的商業邏輯,也逐步改變了全球資本市場對企業價值的評估方式。資產不再是企

業價值的唯一指標，平臺效應與網路控制能力反而成為關鍵估值依據。

平臺經濟的倫理風險與公平困境：效率對抗制度邊界

雖然平臺提供彈性、降低交易摩擦，但其快速擴張也帶來以下倫理與制度爭議：

- 勞動者定位模糊：Uber駕駛、Airbnb房東到底是自由業者還是平臺雇員？該不該有基本保障？
- 租屋炒作與排擠效應：Airbnb造成許多城市長租房源減少、房價上漲、原住戶被迫遷出；
- 稅收與責任規避：平臺不直接營運，卻掌控獲利與定價，卻難以被有效監管與課稅；
- 演算法偏誤與透明問題：使用者無從得知價格與排序的決定邏輯，無法對平臺機制提出異議。

這些問題說明，平臺不只是科技產物，而是重新編排社會結構與交易秩序的經濟制度設計者。

當演算法成為市場規則，透明、公平與責任的定義也必須被重新書寫。

第十四章　數位生活的經濟邏輯

平臺經濟不是中立科技，
而是選擇性的市場建築師

Uber 與 Airbnb 改變了人類的移動與居住方式，創造了無數便利與就業機會，也讓更多資源得以被靈活使用。但它們同時也改寫了交易規則、壟斷了資訊、集中了市場權力。

這提醒我們：當平臺變成市場，平臺的設計者其實就變成制度的立法者。

而作為使用者與社會一分子，我們該有的不是全然依賴或反對，而是：

◆　對平臺如何定義與引導行為有更清楚的認知；
◆　對價格如何構成與變化有更敏感的觀察；
◆　對數據與權力如何在背後流轉，有更深層的質疑與參與。

在平臺世界裡，你不是商品就是規則接受者。

唯有意識到平臺如何運作，你才能在其中成為真正的參與者，而非被動的消費者。

第四節　內容經濟與創作者收入模型

"Don't just create content. Create value."
「別只是產出內容,要創造價值。」

從創作到創業:
內容不再只是表達,而是商品化過程的開始

在社群媒體與平臺工具極度發達的今天,「個人創作者」的崛起成為新世代經濟的重要象徵。無論是 YouTube、Podcast、Instagram、TikTok、Newsletter、部落格,創作門檻大幅降低,人人都有可能成為內容提供者。

但創作不再只是單純的表達欲望,而是進入以下階段的商品化進程:

- 曝光與流量的爭奪:演算法推薦決定誰能被看見;
- 內容標籤與類型定錨:平臺將你分類,決定你在哪個領域與誰競爭;
- 商業模式選擇與轉換:從點擊、訂閱、贊助到商品與合作;
- 品牌經營與人格經濟化:創作者即品牌,形象與言論皆可貨幣化。

也因此，內容創作變成一場綜合經濟行為設計，包含價值輸出、注意力經營、轉換率管理與風險調控。

創作者不是藝術家與平臺之間的中介，而是演算法與市場反應交叉點的操作者。

內容創作者的五大收入模型：不只是點閱費

目前內容創作者常見的收入模式可分為以下五類，每一種都對應不同的商業思維與操作策略：

1. 平臺分潤型

YouTube、Facebook、TikTok 等根據點閱數與廣告收入提供分潤。優勢為穩定；挑戰是高門檻（需達特定追蹤與觀看條件）與低單位報酬。

2. 訂閱制與會員經濟

透過 Patreon、Substack、PressPlay 等平臺提供付費會員內容，或建立個人私密社群（如 LINE 社群、Discord）。強調粉絲深度關係與專屬價值輸出。

3. 品牌與商業合作

接業配、置入性行銷、聯名企劃。需建立高信任與個人定位，並面對內容商業化與個人信念的張力。

4. 數位產品與實體販售

創建線上課程、電子書、模板工具、NFT 商品或周邊商品。能創造被動收入,但需要前期大量設計與行銷。

5. 贊助與即時互動收益

如直播平臺贊助、IG 推薦抖內、粉絲刷禮物等。收入與互動性強正相關,但不具穩定性且高度依賴情緒與時效性。

這些收入模式可同時並存,形成個人化的「內容收入組合模型」,但也造成創作者同時需要扮演內容開發、品牌經營、社群管理與客戶服務多重角色。

在內容經濟裡,你不是「靠一支影片紅起來」,而是靠一套商業思維穩定經營。

平臺的「創作者經濟學」:誰真的在主導這場遊戲?

平臺表面上提供創作者舞臺,實則控制以下四個核心經濟環節:

- 分潤比例與演算法透明度:創作者無法掌控曝光,平臺可隨時改變收益條件;
- 觀眾歸屬權問題:創作者「觀眾」並不屬於創作者,而是平臺擁有的流量;

- 收益結構非線性：高觀看不等於高收入，平臺決定哪些影片能上廣告；
- 內容審查與限制政策：平臺定義「適當內容」，並可隨時下架或限流。

這導致創作者雖名義上是「獨立經營」，但實際上是高度依賴平臺資源、規則與曝光演算法的半依附型經濟個體。

也因此，愈來愈多創作者投入「內容自主化」策略，例如：

- 導流至私域（如電子報、社群群組）；
- 發展可複製、不被平臺封鎖的數位商品；
- 建立網站與名單，降低對演算法依賴。

真正的創作者獨立，不是脫離平臺，而是學會與平臺共生而不被掌控。

創作的壓力經濟：內容疲勞與自我剝削的循環

內容創作者看似自由，其實面對以下幾種隱性經濟壓力：

- 流量焦慮：追求點閱、追蹤、演算法認可；
- 持續性產出壓力：擔心斷更導致粉絲流失；

- 標籤化綁架：一旦定位成功，難以嘗試新風格或議題；
- 商業與真實的平衡難題：接業配會傷害信任？不接就難以維生。

這種壓力並非感性的困擾，而是平臺生態系下行為激勵與注意力競爭下的系統性結果。

若沒有建立健康的收入組合、明確的價值主軸與節奏規劃，創作者往往會陷入「更多內容換不到更多自由」的自我剝削循環。

在內容經濟中，你能持續多久，取決於你能不能為自己設計出不靠燃燒換取曝光的營運機制。

創作的未來，是讓價值回到創作者手上

內容經濟不是流行現象，而是經濟生產方式正在重構的徵兆。從工廠產線、公司組織到個人創作，我們正從大規模、中心化轉向碎片化、人格化的價值輸出模型。

這代表的不是「人人可以當網紅」，而是：

- 人人都可以經營價值交換的場域；
- 每個人都可建立自己的微型經濟系統；
- 創作從愛好進入可持續的社會功能與職業角色。

第十四章　數位生活的經濟邏輯

未來不只是「賺多少」,而是「你能不能決定你如何賺」的問題。那是一場從演算法設計回到人性經營的逆流。

在這個時代,你不只是創作者,你是你所建立的價值鏈的策展人、經營者與創造者。

第十五章
幸福，是最終的經濟學指標

第十五章　幸福，是最終的經濟學指標

第一節　經濟成長≠幸福提升

"Growth for the sake of growth is the ideology of the cancer cell."

「為成長而成長，是癌細胞的邏輯。」

GDP 真的代表人民幸福嗎？

長久以來，GDP（國內生產毛額）被視為衡量一國經濟發展與進步的指標。政見發表、政策評估、國家排名，都以「成長率」作為判準。

然而，從 1970 年代開始，越來越多經濟學家與社會學者質疑：GDP 成長是否真的代表人民的生活變好？

舉例來說：

◆ 臺灣自 2000 年以來 GDP 穩定成長，但實質薪資調整幅度有限；
◆ 日本多年來 GDP 成長趨緩，但其社會治安、生活品質與國民幸福感評價仍名列前茅；
◆ 美國 GDP 成長亮眼，但社會不平等與心理健康問題卻持續惡化。

這些現象說明了一件事：一個社會可以越來越富，但人民卻不一定越來越幸福。

成長不等於改善，除非那份成長確實抵達每個人的生活。

為什麼經濟成長沒有轉化成個人幸福？

以下是幾個造成「成長幸福斷裂」的主要結構性因素：

1. 成長集中在特定產業或人口層級

科技、金融、出口等高資本密集產業獲利增加，但薪資未能普遍提升，造成「數據成長但感受原地踏步」。

2. 社會比較效應強化

收入提高的同時，生活預期與比較基準也水漲船高，導致主觀幸福感不升反降。

3. 生活成本結構惡化

教育、房價、醫療、育兒等成本快速增加，即使所得提升也被固定開銷吞噬，形成「收入上升，壓力加重」的惡性循環。

4. 非物質資源被忽略

人際連結下降、休閒時間減少、心理韌性薄弱、居住空間壓縮，這些非 GDP 項目卻深深影響個人幸福。

第十五章　幸福，是最終的經濟學指標

這些現象提醒我們：經濟成長需要反思與再設計，否則數據與體感將持續脫鉤。

國際上有哪些更貼近幸福的替代指標？

許多國家與機構已開始嘗試將「幸福」納入經濟發展指標設計，包括：

1. 不丹的國民幸福指數（Gross National Happiness, GNH）

整合心理健康、教育、文化保護、生態平衡等非經濟指標，作為政策導向核心。

2. OECD 的「美好生活指數」（Better Life Index）

評估教育、收入、居住、社會支持、工作與生活平衡等 11 項指標，鼓勵國家設計更貼近人性的發展框架。

3. 聯合國「世界幸福報告」（World Happiness Report）

結合主觀生活滿意度調查、社會資本、政府信任度與經濟資料，排名全球各國人民幸福感。

這些指標不追求「效率最大化」，而是推動「幸福合理化」，試圖解決「人生活在已開發國家但不快樂」的當代悖論。

終極的經濟指標，不該是財富的累積速度，而是生活的承載厚度。

第一節　經濟成長≠幸福提升

生活設計的反思：你的個人經濟邏輯，幸福嗎？

當社會強調效率與成長，我們也容易將這套邏輯帶入個人生活：

◆ 追求高產出、最大化利用時間；
◆ 將一切行動與報酬綁定，導致「沒產值＝沒價值」的焦慮；
◆ 計較成就總量，卻忽略情緒、關係與身體狀況的變化。

這種生活設計方式長期可能導致「行動成功但內在耗竭」的結果。

真正的個人經濟思維應包括以下面向：

◆ 我是否擁有選擇的自由？
◆ 我是否活在有節奏、可呼吸的生活框架裡？
◆ 我的時間、關係與注意力是否被我自己管理，而非完全被需求驅動？
◆ 我對於「夠好」的定義清楚嗎？還是永遠覺得自己還不夠？

這些問題不能由市場回答，而必須透過個人主體的經濟設計找出解答。

第十五章　幸福，是最終的經濟學指標

幸福不是額外的東西，它是經濟的目的

當代經濟發展最大的錯覺，就是把幸福當成「附加值」，而非「終極目標」。

我們不是為了 GDP 而活，而是應該為了擁有有意義、有選擇權、可回應內在需求的人生而設計制度與行為模式。

所以當你思考下一次的工作選擇、財務規劃、生活節奏時，請問自己：

「這個選擇，是否真的讓我更靠近自己想要的生活？」

經濟學若不能回答這個問題，那它就不再是為人而設的學問。

第二節　金錢與快樂的臨界點

"Money is a great servant but a bad master."
「金錢是很好的僕人，但很壞的主人。」

錢真的能買到快樂嗎？
科學研究的答案是：「可以，但有限」

過去人們習慣用「金錢不能買到快樂」來安慰自己，但幸福經濟學的研究指出，金錢確實可以買到快樂，只是快樂的邊際效用會逐漸遞減。

美國經濟學家丹尼爾・康納曼（Daniel Kahneman）與安格斯・迪頓（Angus Deaton）在 2010 年的經典研究中發現：

年收入達到約 7.5 萬美元後，快樂的提升趨緩；

在這個收入以下，金錢有明顯改善日常情緒與生活滿意度的作用；

達標之後，快樂主要取決於健康、關係與目標感。

這個「快樂臨界點」的數字雖因地區與物價而不同，但基本邏輯一致：當金錢已能滿足基本需求與部分選擇自由後，繼續增加的財富所帶來的快樂增幅迅速下降。

錢能解決不快樂的原因，但無法創造深層快樂的根源。

第十五章　幸福，是最終的經濟學指標

臨界點之後的錢，買到的是焦慮與比較？

超過金錢快樂臨界點之後，出現的不是快樂加乘，而可能是以下心理與行為困境：

1. 社會比較效應升高

薪資提升後，人往往不再跟過去的自己比較，而是與周圍同階層或高一階的人比較，這種比較往往無止境。

2. 目標通膨

收入增加會提高生活標準，從租屋變買房、從經濟艙變商務艙，生活滿意度的「門檻」不斷上升，導致幸福感沒有實質增加。

3. 時間剝奪與責任壓力上升

高收入常常伴隨高壓與超時工作，休息與陪伴時間減少，健康、家庭與自我關係受損。

4. 選擇焦慮加劇

財務自由理應提高生活主控權，但現實中可能因選項增加而出現選擇疲乏與決策焦慮。

這些現象說明：當錢變多卻沒有改變生活設計邏輯時，它不會增加快樂，只會加快耗損。

第二節　金錢與快樂的臨界點

金錢的幸福轉換率，取決於你怎麼用它

行為經濟學與心理學研究指出，不同的金錢使用方式會產生不同的幸福結果。以下三種用法特別能提高金錢的幸福轉換率：

1. 買經驗，不買東西

與其購買物品，不如投入體驗，例如旅行、演唱會、親子活動等。這些能創造情感記憶與連結，快樂較持久。

2. 買時間，不買麻煩

花錢換取他人服務（如外送、清潔），釋放時間給自己或重要關係，可顯著提升滿意度與壓力管理力。

3. 為他人花錢，不只為自己

研究發現，為別人花錢（如捐款、送禮）常比自我消費帶來更高幸福感，因為它建立了連結與意義感。

換句話說：錢不是讓你變快樂，而是提供你創造快樂的條件與空間。

臺灣視角：高房價、高工時與中產焦慮的快樂瓶頸

在臺灣，金錢與快樂的臨界點受到以下在地結構性因素影響：

第十五章 幸福，是最終的經濟學指標

- 房價居高不下：即使收入增加，也難以累積資產與改善居住條件；
- 工時過長與職場文化僵化：高收入常伴隨高勞動負荷，影響身心與人際；
- 中產擠壓與教育焦慮：養育成本高漲，讓人難以對未來生活有安全感。

這些條件讓許多人即便達到收入標準，仍感覺不到快樂提升。問題不在金錢數字本身，而是金錢在制度中能被轉化為幸福的空間太小。

因此，「快樂的臨界點」在臺灣不只是收入門檻，更是一場關於社會制度、資源配置與心理設計的集體議題。

比賺更多更重要的，是學會花得更好

我們這一代學了很多關於如何賺錢的技能、工具與策略，但我們卻很少學到：

- 什麼是合理的幸福目標；
- 什麼是夠用的生活定義；
- 什麼是讓金錢回應人生本質需求的使用方法。

快樂的臨界點不是一個固定數字，而是當你能對「何時該停、該轉、該換軌」有足夠敏感時，你就不再被收入追

第二節　金錢與快樂的臨界點

趕,而是開始用錢為你創造更多選擇與餘裕。

最成功的經濟設計,不是賺到最多錢,而是讓錢變成你真正想要生活的設計工具。

第十五章　幸福，是最終的經濟學指標

第三節　生活品質的非物質成本

"Not everything that can be counted counts, and not everything that counts can be counted."

「不是所有能被計算的東西都有價值，也不是所有有價值的東西都能被計算。」

你以為自己只花了錢，其實還付出了時間、情緒與關係的代價

當我們計算生活品質時，往往著重於可量化的指標：

- 每月可支配收入；
- 居住空間坪數；
- 休閒活動的次數；
- 物價漲幅與薪資成長。

但真正影響生活品質的，往往是那些看不見、算不出，但每天正在耗損的非物質成本：

- 被會議占據的注意力；
- 對工作失控感產生的焦慮；

- 為了通勤而失去的清晨與傍晚；
- 為了配合他人期待而做出的過度妥協。

這些成本不像金錢那樣立刻流失，但卻會在時間中默默累積，最終形成心理內耗與幸福疲乏。

如果你覺得生活「不差但不快樂」，很可能是你忽略了非物質成本的帳單正在悄悄增長。

五種常見的非物質成本：隱藏的生活支出

以下是五種最常被忽視，但實質影響生活品質的非物質成本：

1. 注意力成本

當代最大稀缺資源之一。被社群通知、工作訊息與雜務切割的注意力，導致無法深度思考與真正休息。

2. 情緒處理成本

職場裡的不公平感、人際中的壓抑與妥協、社群媒體上的比較焦慮，都是需要耗能的情緒管理工程。

3. 關係維護成本

家人、伴侶、朋友、同事之間的關係經營，若沒有主動經營與設定界線，將轉為壓力與消耗。

4. 健康遞延成本

長期睡眠不足、久坐、飲食失控、慢性壓力，不會立刻反映，但會在中長期爆發成身心健康問題。

5. 認同扭曲成本

當你活在外部標準下（如 KPI、升遷、買房、結婚年齡），但內在價值未被對齊，會產生深層失落與空洞感。

這些成本可能看似「不是問題」，但每一項都可能在日常中削弱幸福的基底。

經濟學如何看待這些非物質成本？

在傳統經濟學裡，這些成本屬於「外部性」（externalities）或「機會成本」的延伸概念。它們難以精準量化，但卻真實存在，並造成效用下降。

近年行為經濟學與幸福經濟學開始強調以下觀點：

- 「效用」不等於收入，而是主觀滿意與心理狀態的綜合結果；
- 制度與工作設計應納入心理成本與人性限制；
- 生活設計與選擇應考慮非金錢型回報與能量配置模型。

這意味著：若一項工作薪資再高，但若伴隨長期內耗與失眠，那麼它的「真實所得」其實遠低於帳面數字。

當我們能用經濟視角看到情緒與心理的耗損時,幸福才能重新回到個人選擇的中心。

如何計算並管理你的非物質成本?

以下是三個步驟,幫助你有意識地處理生活中的非物質成本:

1. 做一份「能量帳」而非金錢帳

每週回顧一次:哪幾件事讓你感到充電?哪幾件事讓你心累、想逃、想關機?

→把這些事件分門別類,開始建立「能量流動圖」。

2. 為自己設計「幸福配比表」

嘗試將每週時間分配為以下幾類:創造、交流、放空、照顧、前進。

→若某類長期為零,就要調整生活結構,避免單一耗損。

3. 建立非物質資產帳戶

像管理資產一樣去「累積」以下元素:深度休息、長期關係、個人節奏、心理韌性、自主感。

第十五章　幸福，是最終的經濟學指標

→每次拒絕一場低價值應酬、每次完成一項深度專案、每次勇敢說出真實感受，都是你「存入」的資產。

管理非物質成本的能力，就是你讓人生不被稀釋、讓幸福不被透支的關鍵工具。

幸福不在收入表，而在能量流與生活品質的曲線上

我們花了一生在管理金錢，卻常忽略情緒的赤字、關係的債務與注意力的破產。這些非物質成本，是現代生活的最大隱形支出。

真正有品質的生活，不是你賺了多少，而是你留下了多少完整的自己沒被消耗。

當你開始用經濟學的思維去管理那些不可見的耗損，你將會：

◆ 更懂得選擇何時工作、何時休息；
◆ 更知道哪些關係值得投資，哪些人需要設限；
◆ 更能判斷什麼樣的節奏與活動，能真正支撐你的生活長期運轉。

你的幸福帳戶，不是銀行裡的餘額，而是你每天醒來是否還想過今天這樣的生活。

第四節　用經濟學設計你的人生模型

"The best investment you can make is in yourself."
「你能做的最佳投資，是投資你自己。」

人生不是問題解決，而是資源分配

我們從學校、職場到社會學到如何解題、執行、達標，卻很少有人教我們：如何設計自己的人生配置模型。

事實上，一生中你會面對的選擇、任務與資源限制，不亞於一個企業經營者：

- 你的時間有限；
- 你的注意力稀缺；
- 你的人脈關係需要維護；
- 你的健康與情緒是資產；
- 你的金錢與能力構成可運用資源。

這就是人生經濟學的基礎假設：你正在經營的是一個獨一無屬於你的個人經濟體，而這個經濟體能否健康運作，不取決於社會指標，而取決於你如何分配與設計。

人生從來不是最聰明者勝出，而是最懂得管理限制者活得最好。

第十五章　幸福，是最終的經濟學指標

用經濟學五大觀念設計你的生活邏輯

以下是五個經濟學核心概念，與其對應的人生應用設計方向：

1. 機會成本：學會說「不」的藝術

時間與精力有限，每說一次「是」，就放棄一次其他選項。

→每週設定「不做清單」，刻意排除低價值行為，為高價值任務留白。

2. 邊際效用遞減：越多不等於越好

收入、朋友、任務、關注度皆然。學會在「夠好」時適時停止追求「更多」。

→設立生活飽和點（如工作時數上限、社交密度），減少幸福閾值鈍化。

3. 比較優勢：把資源放在最有生產力的地方

不是「我能做什麼都做」，而是「什麼是我做起來最有價值的」。

→將 70% 的時間放在你能創造高附加價值的領域，其餘可委託、簡化或放棄。

4. 交易成本：不浪費能量在低效率流程上

每一次無效會議、複雜流程、模糊溝通，都是生活的隱性稅。

→設計好用的工具、流程、回應 SOP，讓生活不再過度磨損決策力。

5. 風險分散：打造抗脆弱人生結構

人生的資源不能押在單一領域（如收入來源、情緒支撐、成就感來源）。

→建立多元收入、多樣角色與多向連結，讓你在任一失誤時仍能穩定運作。

用經濟模型不是變得機械，而是讓你在有限世界中活得更清醒與自在。

設計你的「個人價值鏈」：
從輸入到輸出可被優化的流程

企業有價值鏈，個人也有。你的價值鏈包含：

- 輸入端：你每天接觸的資訊、人、刺激與任務；
- 處理端：你如何處理這些資訊，轉換成理解、判斷與行動；

第十五章　幸福，是最終的經濟學指標

- 輸出端：你的創造、貢獻、工作成果、關係行為與情緒反應；
- 再投入機制：你如何讓輸出帶來回饋，強化或修正你的行動邏輯。

這個流程可以每月一次自我盤點：

- 什麼資訊值得我注意？
- 我的時間花在哪些類型任務最多？
- 我的產出是否有價值與可轉換性？
- 有哪些行為讓我每次都感覺後悔？哪些讓我常常回頭微笑？

這不是檢討，而是為了讓你將人生轉為「有意識的經營」。

每個人都在創造價值，只差在你有沒有設計出可累積、可持續的產值模型。

如何定義「夠好的人生」？
幸福邊界設計的三個關鍵問題

你不必追求最大值的人生，而應該追求最適值的人生。以下是三個幫助你畫出幸福邊界的思考問題：

1. 什麼是「我覺得值得」的代價？

不要問「值不值得投入」，而是問「我願意用什麼換取它？」

→例如：「我願意每週少睡一小時，換取這份進修課程嗎？」

2. 什麼是不管賺不賺錢我都會做的事？

它可能是你未來個人品牌或價值系統的核心原料。

→把這些事從邊緣挪到核心，它會讓你穩住當一切變動時的自我認同。

3. 我願意錯過什麼？

定義想要什麼之前，先定義「可以不需要什麼」，這將幫助你對抗焦慮與社會比較。

人生設計的成熟，不在於你選對了什麼，而在於你放下了哪些誘惑與不適合。

經濟學的終點，不是致富，而是活得自由

本書不是教你賺最多錢，而是教你：

- 在有限資源中如何選擇；
- 如何辨識什麼才是你的價值中心；

第十五章　幸福，是最終的經濟學指標

- 如何設計一套適合你的人生經濟模型；
- 最終活成一個清楚知道自己想要什麼，願意為什麼付出，也懂得何時停下來的人。

在資訊爆炸、競爭無限、比較成災的年代，「自由且有節奏地活著」才是最稀有的幸福。

經濟學的真正價值，不是幫你成為世界的贏家，而是讓你在自己的節奏裡，安心做個活得踏實的設計者。

後記
在經濟學的結尾,遇見更自由的自己

這本書寫完的那一天,我把筆電闔上,坐在窗邊的椅子上,靜靜地想了一件事:

我真的有比較自由了嗎?

寫這本書的過程,就像一次又一次打開自己的生活帳本——不只是記錄錢的去向,更是回望那些「為什麼會這樣選擇」的時刻。有些選擇來自焦慮,有些來自社會壓力,有些只是「看起來應該這樣才對」的自動導航。

我們活在一個資訊過載、選項爆炸、情緒高度流動的年代。錢,不再只是用來買東西,它買的是效率、地位、安全感與被認同的機會。而我們自己,也不再只是花錢的人,還成了演算法的研究對象、廣告市場的「注意力礦工」、平臺經濟的無償供應鏈。

你可能也和我一樣,曾經把省錢當作美德,把撿便宜當作勝利,把月光當作正常。但慢慢地你會發現,你不是輸給錢,而是輸給那些你沒意識到的價值排序。你不是不會理財,而是不知道原來生活裡有這麼多地方,都藏著「非理性成本」與「無形支出」。

後記　在經濟學的結尾，遇見更自由的自己

這本書不是解方大全，也不是人生模型的標準答案。它更像是一面鏡子，讓你開始看見：

- 自己是怎麼花錢的，也怎麼花掉注意力、時間、健康與關係；
- 自己常常「選得累」，不是因為不夠聰明，而是因為太在乎每個選擇背後的評價與可能損失；
- 自己其實很努力在對生活負責，只是還沒找到一套屬於自己的選擇語法。

我們都曾以為自由要靠努力去換，後來才發現，自由從來不是你有多少，而是你能不能選擇你要過的那種日子，並且甘願承擔那個選擇所帶來的一切代價。

如果這本書讓你開始想：

- 「我現在花的這筆錢，是不是其實來自某個情緒帳戶？」
- 「我是不是總在不需要的地方做過度選擇，卻忽略了真正重要的那一塊？」
- 「我能不能重新設計一份『讓我活得更安心』的預算表，而不是只看儲蓄目標與開銷比率？」

那麼，這本書的使命就完成了一半。

另一半的旅程，要由你來寫。

或許你會開始記下那些讓你覺得「值」的時刻；

或許你會學會對不必要的選擇說「不」；

或許你會給自己一個新目標──不是存到幾百萬，而是每天都能清楚地說出：

「這樣活，我喜歡，這筆交換，我願意。」

謝謝你翻開這本書，陪我一起練習把生活當成經濟學，也讓經濟學重新服務於人。願我們都能花得清楚，也活得自由。

國家圖書館出版品預行編目資料

花得清楚，活得自由：一套沒有公式的庶民經濟學，用選擇改寫你的人生價值排序 / 遠略智庫 著. -- 第一版 . -- 臺北市：山頂視角文化事業有限公司 , 2025.06
面 ； 公分
POD 版
ISBN 978-626-7709-13-9(平裝)
1.CST: 經濟學 2.CST: 通俗作品
550　　　　　　　　　114006606

電子書購買

爽讀 APP

花得清楚，活得自由：一套沒有公式的庶民經濟學，用選擇改寫你的人生價值排序

臉書

作　　者：遠略智庫
發 行 人：黃振庭
出 版 者：山頂視角文化事業有限公司
發 行 者：山頂視角文化事業有限公司
E - m a i l：sonbookservice@gmail.com
粉 絲 頁：https://www.facebook.com/sonbookss/
網　　址：https://sonbook.net/
地　　址：台北市中正區重慶南路一段 61 號 8 樓
8F., No.61, Sec. 1, Chongqing S. Rd., Zhongzheng Dist., Taipei City 100, Taiwan
電　　話：(02) 2370-3310　傳　　真：(02) 2388-1990
印　　刷：京峯數位服務有限公司
律師顧問：廣華律師事務所 張珮琦律師

-版權聲明-

本書作者使用 AI 協作，若有其他相關權利及授權需求請與本公司聯繫。
未經書面許可，不得複製、發行。

定　　價：450 元
發行日期：2025 年 06 月第一版
◎本書以 POD 印製